本書の特長と使い方

本書は，ノートの穴うめで最重要ポイントを整理し，さらに確認問題に取り組むことで，中学英語の基礎を徹底的に固めて定期テストの得点アップを目指すための教材です。

1単元2ページの構成です。

ここから例文の音声が聞けます。
くわしくは2ページへ

❶ 例文

＿＿＿＿をうめて完成させましょう。

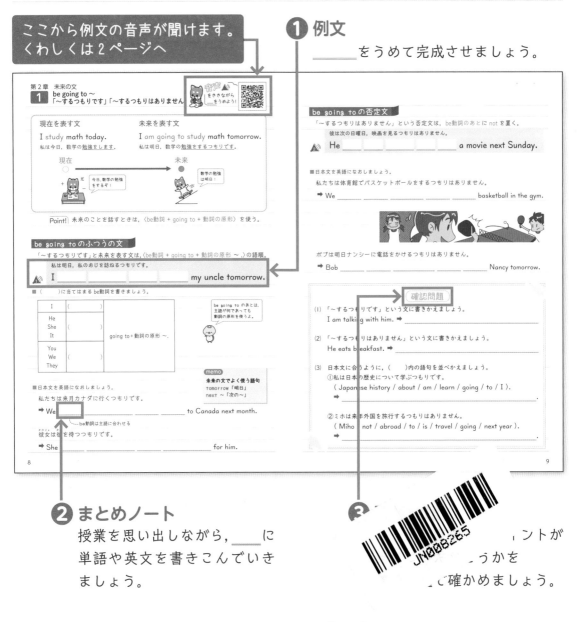

❷ まとめノート

授業を思い出しながら，＿＿に単語や英文を書きこんでいきましょう。

登場する
キャラクター

数犬チャ太郎

かっぱ

使い方はカンタン！

ICTコンテンツを活用しよう！

本書には，QR コードを読み取るだけで聞ける音声データがついています。
「授業が思い出せなくて大事な例文もわからない…」そんなときは，音声データを聞いてみましょう。

音声データを聞こう

❶ 各ページの QR コードを読み取る

PC から
https://cds.chart.co.jp/books/78u7vzagru

❷ 例文番号を選ぶ

本冊の  に
対応しています

❸ 音声を聞く！

音声の速度は
調節できます

くり返し聞いて
耳を慣らしていこう。

便利な使い方

ICT コンテンツが利用できるページをスマホなどのホーム画面に追加することで，毎回 QR コードを読みこまなくても起動できるようになります。くわしくは QR コードを読み取り，左上のメニューバー「≡」▶「ヘルプ」▶「便利な使い方」をご覧ください。

QR コードは株式会社デンソーウェーブの登録商標です。　内容は予告なしに変更する場合があります。
通信料はお客様のご負担となります。Wi-Fi 環境での利用をおすすめします。また，初回使用時は利用規約を必ずお読みいただき，同意いただいた上でご使用ください。
ICT とは，Information and Communication Technology（情報通信技術）の略です。

目　次

第1章　1年の復習
1 一般動詞・be動詞と過去形 ………… 4
2 疑問詞 ……………………………… 6

第2章　未来の文
1 be going to ～「～するつもりです」
「～するつもりはありません」……… 8
2 be going to ～「～するつもりですか」… 10
3 will「～するでしょう」
「～しないでしょう」……………… 12
4 will「～しますか」
「～するでしょうか」……………… 14

第3章　文型
1 SVOO ……………………………… 16
2 SVOC(C⇒名詞) …………………… 18

第4章　接続詞
1 when「～のとき」………………… 20
2 if「もし～なら」…………………… 22
3 that「～ということ」……………… 24
4 because「～なので」「～だから」 … 26

第5章　不定詞
1 副詞的用法①「～するために」…… 28
2 副詞的用法②「～して」…………… 30
3 名詞的用法「～すること」………… 32
4 形容詞的用法「～するための」…… 34
5 不定詞のまとめ …………………… 36

第6章　形式主語 it
1 It is ... to ～「～することは…です」… 38

第7章　助動詞
1 have to ～
「～しなければなりません」……… 40
2 do not have to ～
「～しなくてもよいです」………… 42
3 must「～しなければなりません」… 44
4 must not「～してはいけません」… 46

第8章　動名詞
1 動名詞「～すること」……………… 48
2 動名詞と不定詞「～すること」…… 50

第9章　目的語の表現
1 疑問詞 + to ………………………… 52
2 動詞 + (人) + 疑問詞 + to ………… 54
3 be動詞 + 形容詞 + that …………… 56

第10章　比較
1 ～er than ...「…よりも～」………… 58
2 the ～est「最も～」………………… 60
3 特殊な変化をする比較級・最上級… 62
4 「どちらが(より)～」「どれが最も～」… 64
5 as ～ as ...「…と同じくらい～」… 66
6 比較表現のまとめ ………………… 68

第11章　受け身
1 「～されます」……………………… 70
2 「～されません」…………………… 72
3 「～されますか」…………………… 74
4 by～「～によって」………………… 76
5 助動詞を含む受け身 ……………… 78

1 一般動詞・be動詞と過去形

---

be動詞

I am Chataro. 私はチャ太郎<u>です</u>。

I = Chataro（私 = チャ太郎）

イコールの関係

一般動詞

I like pie. 私はパイが<u>好きです</u>。

I ≠ pie（私 ≠ パイ）

イコールの関係ではない

Point! 動詞には，大きく分けて be動詞と一般動詞がある。

be動詞の文

「～です」の意味を表すものを be動詞と言い，〈am, is, are〉がある。

私は教師です。

🔊① I ＿＿＿＿ a teacher.

■日本文を英語になおしましょう。

彼は 14 歳です。

➡ He ＿＿＿ fourteen years old.

 └‐‐‐主語Heに使うbe動詞が入る

一般動詞の文

「～します」など，主に動作を表す動詞を一般動詞と言い，

三人称単数が主語の一般動詞の文では，動詞を s で終わる形にする。

私はテニスが好きです。

🔊② I ＿＿＿＿ tennis.

■日本文を英語になおしましょう。

私の母は，毎週日曜日にコーヒーを飲みます。

➡ My mother ＿＿＿＿＿＿＿ coffee on Sundays.

 └‐‐‐主語my motherは三人称単数なので動詞にはsをつける

memo

I, you以外の単数のものを三人称単数と呼ぶ。

過去形の文

「～しました」と過去のことを表すときは，動詞を過去形にする。

「～でした」「～にいました」という文には，be動詞の過去形〈was, were〉を使う。

私は喉が渇いていました。

③)) I _____ thirsty.

私はテニスをしました。

④)) I _____ tennis.

■日本文を英語になおしましょう。

あなたは昨日家にいましたか。

➡ _____ you at home yesterday?

ユミは昨夜宿題をしました。

➡ Yumi _____ her homework last night.

        └----doの過去形が入る

memo
一般動詞の過去形には，規則動詞と不規則動詞がある。

私の姉は，先週の日曜日ジョンに会いませんでした。

➡ My sister _____ _____ John last Sunday.

確認問題

(1) 英文を日本語になおしましょう。
    She is in the park now. ➡ _____

(2) 「～しました」という文に書きかえましょう。
    I buy apples. ➡ I _____ apples.

(3) 「あなたのお兄さんはサッカーが好きですか。」という意味になるように，
    (　　)内の語句を並べかえましょう。
    (like / does / brother / soccer / your)?
    ➡ _____ ?

2 疑問詞

what「何」

who「誰」

how「どのように」

which「どれ」

whose「誰の」

when「いつ」

where「どこ」

Point! 疑問詞には，what「何」，who「誰」，which「どれ」，whose「誰の」，
when「いつ」，where「どこ」，how「どのように」などがある。

疑問詞の文

「何？」「誰？」「どのように？」とたずねる疑問文では，疑問詞を文頭に置く。

あなたの名前は何ですか。

1 ＿＿＿＿＿＿ is your name?

彼は誰ですか。

2 ＿＿＿＿＿＿ is he?

どうやってあなたは勉強しますか。

3 ＿＿＿＿＿＿ do you study?

■日本文を英語になおしましょう。

どれが彼女の車ですか。

➡ ＿＿＿＿＿＿ is her car?

あなたはいつ京都を訪れましたか。

➡ ＿＿＿＿＿＿ did you visit Kyoto?

あなたはどこへ行きますか。

➡ ＿＿＿＿＿＿ do you go?

〈疑問詞＋名詞〉，〈How＋形容詞〉の文

「何の〜」「誰の〜」「どの〜」などは，〈疑問詞＋名詞〉で表す。

「どれくらいの〜」などは，〈How＋形容詞〉で表す。

リサは何のスポーツが好きですか。

4)) _____ _____ does Lisa like?

あの船はどれくらいの長さですか。

5)) _____ _____ is that ship?

■日本文を英語になおしましょう。

どの車が彼女のものですか。

➡ _____ _____ is hers?

あれらは誰のノートですか。

➡ _____ _____ are those?

あなたには何人姉妹がいますか。

➡ _____ _____ _____ do you have?

> どの問題も，
> 1つ目の空欄には
> 疑問詞が入るよ。

memo

「いくつの〜」は
〈How many＋名詞の
複数形〉

確認問題

(1) 下線部を問う疑問文を英語で書きましょう。

My father goes to work by train.

➡ _____

(2) 「彼らは誰の両親ですか。」という意味になるように，(　　　)内の語句を並べかえましょう。

(are / parents / whose / they)?

➡ _____ ?

(3) 下線部を問う疑問文を英語で書きましょう。

I left home at ten.

➡ _____

7

1 be going to 〜 「〜するつもりです」「〜するつもりはありません」

音声をききながら＿＿＿をうめよう！

現在を表す文

I study math today.

私は今日，数学の勉強をします。

未来を表す文

I am going to study math tomorrow.

私は明日，数学の勉強をするつもりです。

現在 ⟶ 未来

今日，数学の勉強をするぞ！

数学の勉強は明日！

Point! 未来のことを話すときは，〈be動詞 + going to + 動詞の原形〉を使う。

---

be going to のふつうの文

「〜するつもりです」と未来を表す文は，〈be動詞 + going to + 動詞の原形 〜 .〉の語順。

私は明日，私のおじを訪ねるつもりです。

I ＿＿＿＿ ＿＿＿＿ ＿＿＿＿ ＿＿＿＿ my uncle tomorrow.

■ （　　　）に当てはまるbe動詞を書きましょう。

I	（　　　　）	
He She It	（　　　　）	going to＋動詞の原形 〜 .
You We They	（　　　　）	

be going to のあとは，主語が何であっても動詞の原形を使うよ。

■日本文を英語になおしましょう。

私たちは来月カナダに行くつもりです。

➡ We ＿＿＿＿ ＿＿＿＿ ＿＿＿＿ to Canada next month.

┈┈ be動詞は主語に合わせる

memo

未来の文でよく使う語句
tomorrow「明日」
next 〜「次の〜」

彼女は彼を待つつもりです。

➡ She ＿＿＿＿ ＿＿＿＿ ＿＿＿＿ for him.

be going to の否定文

「～するつもりはありません」という否定文は，be動詞のあとに not を置く。

彼は次の日曜日，映画を見るつもりはありません。

He ＿＿＿＿ ＿＿＿＿ ＿＿＿＿＿ ＿＿＿＿ ＿＿＿＿ a movie next Sunday.

■日本文を英語になおしましょう。

私たちは体育館でバスケットボールをするつもりはありません。

➡ We ＿＿＿＿ ＿＿＿＿＿ ＿＿＿＿＿ ＿＿＿＿＿ basketball in the gym.

ボブは明日ナンシーに電話をかけるつもりはありません。

➡ Bob ＿＿＿＿ ＿＿＿＿ ＿＿＿＿ ＿＿＿ Nancy tomorrow.

確認問題

(1) 「～するつもりです」という文に書きかえましょう。

I am talking with him. ➡ ＿＿＿＿＿＿＿＿＿＿＿＿＿＿＿＿＿＿

(2) 「～するつもりはありません」という文に書きかえましょう。

He eats breakfast. ➡ ＿＿＿＿＿＿＿＿＿＿＿＿＿＿＿＿＿＿＿

(3) 日本文に合うように，（　　）内の語句を並べかえましょう。

①私は日本の歴史について学ぶつもりです。

(Japanese history / about / am / learn / going / to / I).

➡ ＿＿＿＿＿＿＿＿＿＿＿＿＿＿＿＿＿＿＿＿＿＿＿ .

②ミホは来年外国を旅行するつもりはありません。

(Miho / not / abroad / to / is / travel / going / next year).

➡ ＿＿＿＿＿＿＿＿＿＿＿＿＿＿＿＿＿＿＿＿＿＿＿ .

第2章　未来の文

2 be going to ～「～するつもりですか」

ふつうの文	You <u>are</u> going to visit the U.K.

あなたはイギリスを訪れるつもりです。

be動詞を主語の前に出す

疑問文	<u>Are</u> you going to visit the U.K.?

あなたはイギリスを訪れるつもりですか。

Point! 〈主語 + be動詞 + going to + 動詞の原形〉の文を疑問文にするときは，主語と be動詞の位置を入れかえる。

be going to の疑問文

「～するつもりですか」という疑問文は，〈be動詞 + 主語 + going to + 動詞の原形 ～?〉の語順。答えるときは，Yes か No と，be動詞を使う。

あなたは明日，サッカーをするつもりですか。

① ＿＿＿＿ you ＿＿＿＿ ＿＿＿＿ ＿＿＿＿ soccer tomorrow?

— はい，するつもりです。/ いいえ，するつもりはありません。

② — Yes, I ＿＿＿＿ . / No, I ＿＿＿＿ ＿＿＿＿ .

■日本文を英語になおしましょう。

彼らは来週，生徒たちに理科を教えるつもりですか。

➡ ＿＿＿＿ they ＿＿＿＿ ＿＿＿＿ ＿＿＿＿ science to the students next week?

└---主語theyに使うbe動詞

— はい，教えるつもりです。/ いいえ，教えるつもりはありません。

➡ — Yes, they ＿＿＿＿ . / No, they ＿＿＿＿＿＿ .

└---are notの短縮形

「いいえ」で答えるときの〈be動詞＋not〉は，短縮形が使われることが多いよ。

トムは明日，その舞台で踊るつもりですか。

➡ ＿＿＿＿ Tom ＿＿＿＿＿＿＿＿＿＿＿＿ on the stage?

— はい，踊るつもりです。/ いいえ，踊るつもりはありません。

➡ — Yes, he ＿＿＿＿ . / No, he ＿＿＿＿＿＿ .

what などの疑問詞を含む be going to ～の疑問文

what などの疑問詞を使うときは，疑問文の文頭に疑問詞を置く。

答えるときは，Yes, No を使わずに，たずねられたことを具体的に答える。

あなたは明日，何を作るつもりですか。

🔊₃ _____ are you going to make tomorrow?

— 私はカレーを作るつもりです。

🔊₄ — I _____ _____ _____ make curry.

■日本文を英語になおしましょう。

あなたたちは来週の日曜日，どこに行くつもりですか。

➡ _____ are you going to go next Sunday?

— シドニーに行くつもりです。

➡ — We _____ _____ _____ go to Sydney.

確認問題

(1) 「あなたは～するつもりですか」という文に書きかえ，「はい / いいえ」の両方で答えましょう。

I am going to take my umbrella with me.

➡ _____

— Yes, _____ . / No, _____ .

(2) 下線部を問う疑問文を英語で書きましょう。

Her sister is going to eat <u>those cakes</u>.

➡ _____

(3) 「あなたたちは,明日誰に会うつもりですか。」という意味になるように,(　　　)内の語句を並べかえましょう。

(you / are / tomorrow / meet / to / going / who)?

➡ _____ ?

3 will 「～するでしょう」「～しないでしょう」

音声
をききながら
＿＿をうめよう！

現在　I go to school by bus.

私はバスで学校へ行きます。

いつもバス通学だよ。

未来　I will go to school by bus.

私はバスで学校へ行くでしょう。

明日はバスで行くつもり。

Point! 未来のことを話すときは，will を使って表すこともできる。

will のふつうの文

「～するでしょう」と未来を表す文は，〈主語 + will + 動詞の原形 ～.〉の語順。

私は明日，買い物に行くでしょう。

I ＿＿＿＿＿ ＿＿＿＿＿ shopping tomorrow.

■日本文を英語になおしましょう。

私は今日の午後，机を動かす(運ぶ)でしょう。

➡ ＿＿＿＿＿＿ ＿＿＿＿＿＿ my desk this afternoon.

└--- I will の短縮形

彼女は来月，彼女のお兄さんに手紙を書くでしょう。

➡ She ＿＿＿＿＿＿ ＿＿＿＿＿＿ a letter to her brother next month.

私の友達は来年，歯医者になるでしょう。

➡ My friend ＿＿＿＿＿ ＿＿＿＿＿＿＿＿＿ a dentist next year.

memo

〈主語＋will〉の短縮形
I will　　→ I'll
You will → You'll
He will　→ He'll
She will → She'll
It will　 → It'll

■「～するでしょう」という文に書きかえましょう。

You use the computer for your homework.

➡ ＿＿＿＿＿＿＿＿＿＿＿＿＿

My aunt enjoys her trip to Tokyo.

➡ ＿＿＿＿＿＿＿＿＿＿＿＿＿

└---動詞は原形に戻すことを忘れないように

will の否定文

「～しないでしょう」という否定文は，will のあとに not を置く。

私は明日，野球をしないでしょう。

🔊② I _____ _____ _____ baseball tomorrow.

私たちは買い物に行かないでしょう。

🔊③ We _____ _____ shopping.

■日本文を英語になおしましょう。

来週は，雪は降らないでしょう。

will not の短縮形は won't.

➡ It _____ _____ _____ next week.

あなたは明日忙しくないでしょう。

➡ You _____ _____ busy tomorrow.

└---- 助動詞のあとはbe動詞も 原形

確認問題

(1) 「～しないでしょう」という文に書きかえましょう。

① I will run in the park tomorrow morning.

➡ _____

② They aren't tired after the tennis lesson.

➡ _____

(2) 日本文に合うように，（　　）内の語句を並べかえましょう。

①彼は来週の月曜日，日本にいないでしょう。

(will / in / he / not / Japan / be) next Monday.

➡ _____ next Monday.

②あなたは明日，駅で彼を待つでしょう。

(wait / the station / him / you / for / at / will) tomorrow.

➡ _____ tomorrow.

4 will 「〜しますか」「〜するでしょうか」

音声をききながら＿＿をうめよう！

	ふつうの文	疑問文

ふつうの文

I will go to school by bus.

私はバスで学校へ行くでしょう。

明日はバスで行くつもり。

疑問文

Will you go to school by bus?

あなたはバスで学校へ行きますか。

きみは明日バスで行くの？

Point! will の文を疑問文にするときは，主語と will の位置を入れかえる。

will の疑問文

「〜しますか」「〜するでしょうか」という疑問文は〈Will + 主語 + 動詞の原形 〜?〉の語順。答えるときは，Yes か No と will を使って答える。

あなたは今日，図書館へ行きますか。

① ＿＿＿＿＿ you ＿＿＿＿＿ to the library today?

— はい，行きます。/ いいえ，行きません。

② — Yes, I ＿＿＿＿＿. / No, I ＿＿＿＿＿＿＿.

■日本文を英語になおしましょう。

このシャツを試してみますか。

➡ ＿＿＿＿＿ you ＿＿＿＿＿ this shirt?

memo

will notの短縮形はwon't。

— はい，試してみます。/ いいえ，試してみません。

➡ — Yes, I ＿＿＿＿＿. / No, I ＿＿＿＿＿＿.

彼女は明日，おばあさんを訪ねますか。

➡ ＿＿＿＿＿ she ＿＿＿＿＿ her grandmother tomorrow?

— はい，訪ねます。/ いいえ，訪ねません。

➡ — Yes, she ＿＿＿＿＿. / No, she ＿＿＿＿＿＿.

疑問詞を含む will の疑問文

what などの疑問詞を使うときは，疑問文の文頭に疑問詞を置く。答えるときは，
Yes や No は使わずに，たずねられたことを具体的に答える。

あなたは明日，どこへ行きますか。

3)) _____ will you go tomorrow?

― 私は明日，公園へ行きます。

4)) ― I _____ _____ to the park tomorrow.

■日本文を英語になおしましょう。

あなたのお父さんは来月，スペインにどうやって行きますか。

➡ _____ will your father go to Spain next month?

― 彼は飛行機で行きます。

➡ ― He will go there _____ _____.

彼はいつあの曲を聞きますか。

➡ _____ will he listen to that song?

確認問題

(1) 「～しますか」という文に書きかえましょう。
They will watch the soccer game tomorrow.
➡ _____

(2) _____ に当てはまる語句を書きましょう。
_____ you _____ at Tokyo Station?
― I will arrive there at 10：30.

(3) 「誰が明日彼と話すのでしょうか。」という意味になるように，（　　）内の語句を並べかえましょう。
(to / him / who / talk / will) tomorrow?
➡ _____ tomorrow?

1 SVOO

音声をききながら＿＿をうめよう！

SVOO = 主語 Subject + 動詞 Verb + 人 Object + もの Object

I gave him a present.

人 には, 人の名前や人を表す代名詞が入るよ。

私は<ruby>彼<rt>かれ</rt></ruby>に <u>プレゼント</u>をあげました。

me │ you │ him │ her │ us │ them

Point! O（目的語）が２つあるときは,「～に」にあたる語を先に,

「～を」にあたる語をあとに置く。

SVOO の文

「(人)に(もの)を～する」という文は,〈主語 + 動詞 + 人 + もの〉の語順。

「人」が代名詞のときは,目的格(me, him, her など)の形にする。

私は彼にノートをあげました。

 I gave ＿＿＿＿＿＿ ＿＿＿＿＿＿ ＿＿＿＿＿＿ .

■日本文を英語になおしましょう。

彼は私に写真を見せました。

➡ He showed ＿＿＿＿＿ ＿＿＿＿＿ ＿＿＿＿＿ .

> **memo**
> 〈動詞＋人＋もの〉でよく使う動詞
> give, show, teach, buy, makeなど。

SVO への書きかえ

「(人)に(もの)を～する」という文は,〈主語 + 動詞 + もの + to[for] + 人〉

の語順でも表せる。

私は彼にノートをあげました。

 I gave ＿＿＿＿ ＿＿＿＿＿＿＿ ＿＿＿＿ ＿＿＿＿ .

■日本文を英語になおしましょう。

彼は私に写真を見せました。

前の例文と語順を比べてみよう。

➡ He showed ＿＿＿＿＿ ＿＿＿＿＿ ＿＿＿ ＿＿＿ .

「to＋人」と「for＋人」の区別

to を使う動詞には, teach, give, show などが, for を使う動詞には, make, buy などがある。

私はこの絵を彼に見せました。

3) I showed this picture ＿＿＿＿ him.

彼女はドレスを私に作りました。

4) She made a dress ＿＿＿＿ me.

■日本文を英語になおしましょう。

あなたは彼にプレゼントを買いましたか。

➡ Did you buy a present ＿＿＿＿ him?

私の父は生徒に英語を教えています。

➡ My father teaches English ＿＿＿＿ his students.

確認問題

(1) 「彼女はあなたにケーキをあげるでしょう。」という意味になるように, ＿＿＿に当てはまる語句を書きましょう。ただし, SVOO の文型とする。
She will give ＿＿＿＿＿＿＿＿.

(2) 上の英文と意味が同じになるように ＿＿＿ に当てはまる語句を書きましょう。
① His grandmother showed him a map.
➡ His grandmother showed ＿＿＿＿＿＿＿.

② They bought their mother a flower.
➡ They bought ＿＿＿＿＿＿＿＿.

(3) 「私は家族にサラダを作りました。」という意味になるように, (　　)内の語句を並べかえましょう。
(family / I / a salad / made / for / my).
➡ ＿＿＿＿＿＿＿＿＿＿.

2 SVOC（C ⇒ 名詞）

音声をききながら＿＿をうめよう！

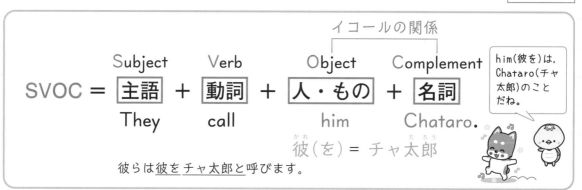

イコールの関係

SVOC ＝ Subject 主語 ＋ Verb 動詞 ＋ Object 人・もの ＋ Complement 名詞

They　call　him　Chataro.

彼（を）＝ チャ太郎

彼らは<u>彼を</u><u>チャ太郎と</u>呼びます。

him（彼を）は，Chataro（チャ太郎）のことだね。

Point! O（目的語）とC（補語）があるときは，O（目的語）→C（補語）の順に並べる。

SVOC（C ⇒ 名詞）の文

SVOC の代表的な表現「（人・もの）を（名前など）と呼ぶ」という文は，

〈主語 ＋ call ＋ （人・もの）＋（名前など）.〉の語順。

私たちは彼をボブと呼びます。

1️⃣ We call ＿＿＿＿＿ ＿＿＿＿＿ ．

私たちはそれを太陽の塔と呼びます。

2️⃣ We ＿＿＿＿＿ ＿＿＿＿＿ the Tower of the Sun.

■日本文を英語になおしましょう。

彼は彼のネコをタマ（Tama）と呼びます。

➡ He calls ＿＿＿＿＿ ＿＿＿＿＿ ＿＿＿＿＿ ．

＿「～を」という意味の目的語が入る

memo
〈主語＋call＋人＋名詞〉で，「（主語）は（人）を（名詞）と呼ぶ」という意味。

SVOC（C ⇒ 名詞）の疑問文

〈主語 ＋ call ＋ （人・もの）＋（名前など）.〉の疑問文は，

〈Do［Does］＋ 主語 ＋ call ＋ （人・もの）＋（名前など）?〉の語順。

あなたは彼をアレックスと呼びますか。

3️⃣ ＿＿＿＿＿ ＿＿＿＿＿ call ＿＿＿＿＿ Alex?

■日本文を英語になおしましょう。

日本人はその鳥をキジと呼びますか。

➡ _____ Japanese _____ _____ _____ *kiji*?

> このJapaneseは「日本人」という意味の複数形として使われているよ。

what を含む疑問文

「(人・もの)を何と呼びますか」という疑問文は，C(名詞)に当たる部分を取り，代わりに文頭に what を置く。

日本ではその花を何と呼びますか。

4)) _____ _____ _____ call _____ _____ in Japan?

■日本文を英語になおしましょう。

あなたたちはその山を何と呼びますか。

➡ _____ _____ _____ call _____ _____ ?

■下線部を問う疑問文を英語で書きましょう。

He calls his dog Pochi.

➡ _____ _____ _____ _____ his dog?

確認問題

(1) 日本文を英語になおしましょう。
① 彼女はその友達をハナと呼びますか。

➡ Does she call _____ ?

② アメリカ人はそれを何と呼びますか。

➡ _____

(2) 「人々はそのパンダをリンリンと呼びます。」という意味になるように，(　　)内の語句を並べかえましょう。

(call / Rinrin / the panda / people).

➡ _____ .

1 when「～のとき」

音声をききながら_____をうめよう！

┌─ コンマを入れる

When his mother left home, he was watching a video.

英文 1　　　　　　　　　　英文 2

┌─ コンマを入れない

= He was watching a video when his mother left home.

英文 2　　　　　　　　　　英文 1

上と下の2つの文の意味は同じだよ。

彼のお母さんが家を出るとき，
彼はビデオを見ていました。

Point! 接続詞 when を含む文が前半にくるときはコンマ(,)が必要。

---

when「～のとき」の文

単語と単語または文と文をつなぐはたらきをする言葉を接続詞という。

「～のとき」という文は，「時」を表す接続詞 when を用いて表す。

私が家に帰ったとき，私の母は忙しくしていました。

① _____ _____ _____ _____, my mother was busy.

私が学校に行ったとき，彼は数学の勉強をしていました。

② He was studying math _____ _____ _____ _____ _____.

■日本文を英語になおしましょう。

私が母に電話をかけたとき，彼女は車を運転していました。

➡ My mother was driving a car _____ _____ _____ _____.

主語を代名詞に置きかえる┄┄┘

彼が彼女の家を訪れたとき，彼女は映画を見ていました。

➡ _____ _____ _____ _____

she was watching a movie.

2つ目の問題は，コンマ(,)が入るところもあるよ。

when に続く文の時制

when に続く部分は，未来のことでも現在形で表す。

彼が日本に戻ってくるとき，私はプレゼントをあげるつもりです。

When he ＿＿＿＿ back to Japan, I will give him a present.

■日本文を英語になおしましょう。

私が病気のとき，彼が私のイヌの世話をしてくれるでしょう。

➡ He will take care of my dog when I ＿＿＿＿ sick.

彼女が夕食を作るとき，私は彼女を手伝うつもりです。

➡ When she ＿＿＿＿＿＿＿＿ dinner, I will help her.

■日本文に合うように，（　）内の語句を並べかえましょう。

彼が帰ってきたら，私に教えてください。

Please (when / me / home / tell / he / gets).

➡ Please ＿＿＿＿＿＿＿＿＿＿＿＿＿＿＿＿＿＿＿ .

確認問題

(1) 日本文を英語になおしましょう。

①私の同級生が私の名前を呼んだとき，私は英語の勉強をしていました。

➡ ＿＿＿＿＿＿＿＿＿＿＿＿＿＿＿ , I was studying English.

②あなたの先生が戻ってきたら，あなたは何をするつもりですか。

➡ What will you do ＿＿＿＿＿＿＿＿＿＿＿＿＿ ?

(2) 「あなたが5歳だったとき，あなたのお母さんはその学校で働いていました。」
という意味になるように，（　）内の語句を並べかえましょう。

(five / worked / your mother / at / when / the school / were / you / ,).

➡ ＿＿＿＿＿＿＿＿＿＿＿＿＿＿＿＿＿ .

2　if「もし〜なら」

音声をききながら＿＿をうめよう！

コンマを入れる

If it is sunny tomorrow, I will play soccer.

英文1　　　　　　　英文2

コンマを入れない

= I will play soccer if it is sunny tomorrow.

英文2　　　　　　英文1

もし明日晴れたら，私はサッカーをするつもりです。

Point! 接続詞 if を含む文が前半にくるときはコンマ (,) が必要。

if「もし〜なら」の文

「もし〜なら」という文は，「条件」を表す接続詞 if を用いて表す。

もし雨が降っていたら，私はそこへは行きません。

① ＿＿＿＿ ＿＿＿＿ ＿＿＿＿ , I won't go there.

もしひまなら，水族館に行きましょう。

② Let's go to the aquarium ＿＿＿ ＿＿＿ ＿＿＿ ＿＿＿ .

> **memo**
> if 〜の文も，when の文とルールは同じ。前半に置くときは，コンマ (,) で区切る。

■日本文を英語になおしましょう。

もしお腹がすいているなら，ケーキを食べましょう。

➡ Let's eat cakes ＿＿＿＿＿＿＿＿＿＿＿＿ .

もし忙しいなら，私があなたを手伝いましょう。

➡ ＿＿＿ ＿＿＿ ＿＿＿ ＿＿＿ I will help you.

もし寒いなら，私は買い物に行きません。

➡ ＿＿＿＿＿＿＿＿＿＿ I don't go shopping.

＿＿天気の主語は it

> 2つ目と3つ目の問題は，コンマ (,) が入るところもあるよ。

if に続く文の時制

if に続く部分は，未来のことでも現在形で表す。

もし明日晴れたら，私たちはテニスをするでしょう。

We'll play tennis ＿＿＿ ＿＿＿ ＿＿＿ ＿＿＿＿＿＿＿ tomorrow.

■日本文を英語になおしましょう。

もし明日雪が降るなら，私は家にいるつもりです。

➡ ＿＿＿＿＿＿＿ ＿＿＿＿＿ ＿＿＿＿＿＿ tomorrow, I will stay home.

もし来月時間があるなら，外国へ行きたいです。

➡ I want to go abroad ＿＿＿＿＿ ＿＿＿＿＿＿ ＿＿＿＿＿ time next month.

■日本文に合うように，（　）内の語句を並びかえましょう。

もしあなたが私たちと来てくれるなら，彼女はうれしいでしょう。

(with / come / you / us / if /,) she will be happy.

➡ ＿＿＿＿＿＿＿＿＿＿＿＿＿＿＿＿＿＿＿ she will be happy.

確認問題

(1) 日本文を英語になおしましょう。

①もし忙しくないなら，宿題をしなさい。

➡ Do your homework ＿＿＿＿＿＿＿＿＿＿＿＿＿＿＿＿ .

②もし彼が明日彼女に会うなら，私は彼と一緒に行きます。

➡ ＿＿＿＿＿＿＿＿＿＿＿＿＿＿＿＿＿ , I will go with him.

(2) 「もし明日彼を見かけたら，彼にこの写真を見せてください。」という意味になるように，（　）内の語句を並べかえましょう。

(tomorrow / if / this / him / show / see / picture / you / please / him).

➡ ＿＿＿＿＿＿＿＿＿＿＿＿＿＿＿＿＿ .

3 that「～ということ」

音声
をききながら
　　をうめよう!

I think (that) he likes strawberries.
　　　I think の目的語　　　前半の文の動詞と時制を合わせる
私は, 彼はいちごが好きだと思います。

I thought (that) he liked strawberries.
　　　　　　I thought の目的語
私は, 彼はいちごが好きだと思いました。

Point! 接続詞 that は省略することができ, 省略しても意味は変わらない。

接続詞 that の文

接続詞の that は「～ということ」という意味。この that は省略してもよい。

私はあなたが勝つということを思っています。＝私はあなたが勝つと思っています。

①　_____ _____ (_____) you will win.

■日本文を英語になおしましょう。

私は彼が正しいと思います。

➡ I _____ _____ he is right.

> thatに続く文が未来のことなら未来形で書くよ。

彼は彼のお父さんが新しいテレビゲームを買ってくれるだろうと思っています。

➡ He _____ _____ his father _____ _____ him a new video game.
　　└----三単現の主語に合う動詞が入る

〈動詞 + that ～〉の形をとる動詞

〈動詞 + that〉という形をとる動詞には, know, say, hope, hear などがある。

私はその知らせが重要であるということを知っています。

②　_____ _____ _____ the news is important.

私は彼が元気だということを聞きました。

③　_____ _____ _____ he was doing well.

■ ( )に適する語を書きましょう。

She	( )	(that) they are friends.	彼女は，彼らは友達だと知っています。
	( )		彼女は，彼らは友達だと言っています。
	( )		彼女は，彼らは友達であることを願っています。
	( )		彼女は，彼らは友達だと聞いています。

■日本文を英語になおしましょう。

彼らはトムがすぐに回復することを願っています。

➡ ＿＿＿＿＿ ＿＿＿＿＿ ＿＿＿＿＿ Tom will recover soon.

彼女は私が日本に滞在しているということを知りません。

➡ She ＿＿＿＿＿＿＿＿ ＿＿＿＿＿＿ that I ＿＿＿＿＿ in Japan.
　　　　　└--- 否定文の形

私は彼の話が本当だと思っていました。

➡ I thought that his story ＿＿＿＿＿ true.

私たちは明日晴れることを願っています。

memo
はじめの文の動詞が過去形
のとき，thatのあとの動詞も
ふつうは過去形になる。

➡ We hope that it ＿＿＿＿＿ ＿＿＿＿＿ sunny tomorrow.
　　　　　　　　　└--- 未来のことなのでwillを使う

確認問題

(1) 日本文を英語になおしましょう。
あなたは彼が有名な作家だということを知っていますか。
➡ ＿＿＿＿＿＿＿＿＿＿＿＿＿＿＿ he is a famous writer?

(2) 「～だと思っていました」という過去形の文に書きかえましょう。
I think that he knows her. ➡ ＿＿＿＿＿＿＿＿＿＿＿＿＿

(3) 「彼は来月彼女に会えることを願っています。」という意味になるように，( )
内の語句を並べかえましょう。
(that / next / her / he / hopes / meet / will / month / he).
➡ ＿＿＿＿＿＿＿＿＿＿＿＿＿＿＿＿＿＿＿ .

4 because 「〜なので」「〜だから」

音声をききながら＿＿＿をうめよう！

「なぜ〜」と理由をたずねる文
Why did you buy a present?
あなたはなぜプレゼントを買ったのですか。

「〜だから」と理由を答える文
Because it's my friend's birthday today.
今日は私の友達の誕生日だからです。

Happy Birthday

Point! Why 〜? とたずねられたら, Because 〜. で答える。

because 「〜なので」「〜だから」の文

「〜なので」と原因や理由を言うときは, 接続詞 because を用いて表す。

朝ご飯を食べなかったので, 私はお腹がすいていました。

I was hungry ＿＿＿＿＿＿＿ I didn't have breakfast.

■日本文を英語になおしましょう。

野球をしたので, 私は疲（つか）れていました。

➡ I was tired ＿＿＿＿＿＿＿ I played baseball.

サキはアメリカに住んでいたので, 英語を話すことができます。

➡ ＿＿＿＿＿＿＿ Saki lived in America, she can speak English.

becauseの後ろは〈主語＋動詞〉が入った文で答えよう。

接続詞becauseに続く文が前にくるときはコンマ(,)が必要

why の疑問文への答え方

Why 〜?「なぜ〜」という疑問文には, Because 〜. で答えることができる。

あなたはなぜ日本に来たのですか。

＿＿＿＿＿＿ did you come to Japan?

— 日本の文化が好きだからです。

— ＿＿＿＿＿＿＿ I like Japanese culture.

■日本文を英語になおしましょう。

彼はなぜ幸せそうなのですか。

➡ _____ does he look happy?

― その知らせを聞いたからです。

➡ ― _____ he heard the news.

so「…，だから〜」の文

「…，だから〜」と結果を言うときは，so を用いて表す。

今日は晴れています，だから，私たちはテニスをするでしょう。

It is sunny today, _____ we'll play tennis.

■日本文を英語になおしましょう。

彼は疲れています，だから，彼は今日早く寝るでしょう。

➡ He is tired _____ _____ he'll go to bed early today.

└---- so の前にはコンマ(,)が必要

確認問題

(1) 次の疑問文に対して，「昨年，彼に会ったからです。」という答えの文を書きましょう。

Why do you know him? ➡ _____ _____ _____ _____ last year.

(2) 日本文を英語になおしましょう。

彼はイヌがとても好きです，だから，彼は2匹のイヌを飼っています。

➡ He likes dogs very much, _____ he has two dogs.

(3) 「雨が降っていたので，私は家で本を読みました。」という意味になるように，(　　)内の語句を並べかえましょう。

(raining / home / books / was / I / at / because / it / read / ,).

➡ _____.

1 副詞的用法①「〜するために」

I went the store to buy books.

to buy books が went を修飾

to buy = 買うために

目的

私は本を買うために店に行きました。

Point! 「〜するために」は，〈to + 動詞の原形〉を使って表す。

目的を表す副詞的用法「〜するために」の文

「〜するために」と動作の目的を表し，副詞のような働きをするため，副詞的用法という。

私は私の友達に会うために大阪を訪れました。

 I visited Osaka ＿＿＿＿＿＿ ＿＿＿＿＿＿ my friend.

memo
〈to + 動詞の原形〉を
不定詞という。不定詞は，
主語が何であっても，
過去の文であっても，
動詞は必ず原形を使う。

■日本文を英語になおしましょう。

あなたは花を買うためにそこへ行きました。

➡ You went there ＿＿＿＿＿＿ ＿＿＿＿＿＿ flowers.

⌙ 動詞の原形

彼らは宿題をするためにコンピューターを使います。

➡ They use computers ＿＿＿＿＿＿ ＿＿＿＿＿＿ their homework.

Why 〜? という問いに「〜するためです」と答える文

Why 〜? 「なぜ〜」という疑問文には，〈to + 動詞の原形〉で答えることができる。

あなたはなぜスペイン語を勉強したのですか。

 ＿＿＿＿＿＿ did you study Spanish?

── スペイン人の友達と話すためです。

 ── ＿＿＿＿＿＿ ＿＿＿＿＿＿ with my Spanish friend.

■日本文を英語になおしましょう。

彼女はなぜ看護師になったのですか。

➡ ＿＿＿＿＿＿＿＿ did she become a nurse?

— 病気の人々を助けるためです。

➡ — ＿＿＿＿＿＿＿ ＿＿＿＿＿＿＿ sick people.

- - - - 「～するためです」と答えるときは〈to＋動詞の原形〉

〈主語＋動詞～〉は使わず
に不定詞だけで答えるこ
ともできるよ。

■日本文に合うように，（　　　）の中から適する語句を選びましょう。

彼らはなぜ一生懸命英語を勉強するのですか。

Hi! Good morning

Why do they study English hard?

— 将来，外国に住むためです。

➡ — (Because live / To live) in foreign countries in the future.

私は有名な歌手を見るためにその場所を訪れました。

➡ I visited the place (seeing / to see / see) the famous singer.

確認問題

(1) 日本文を英語になおしましょう。

あなたは数学を教えるために先生になったのですか。

➡ Did you become a teacher ＿＿＿＿＿＿＿＿＿＿＿＿ math?

(2) 次の疑問文に対して，「宿題を終わらせるためです。」という答えの文を書きましょう。

Why did he go home early today?

➡ ＿＿＿＿＿＿＿＿＿＿＿＿＿＿＿＿

(3) 「彼女は大切な手紙を受け取るために郵便局へ行きました。」という意味になるように，（　　　）内の語句を並べかえましょう。

(the post office / to / she / get / an important letter / went / to).

➡ ＿＿＿＿＿＿＿＿＿＿＿＿＿＿＿＿ .

2 副詞的用法② 「～して」

I am happy to talk with him.

to talk＝話せて

to talk with him が happy の原因

原因

私は彼と話せて幸せです。

> Point! 「～して」も，〈to + 動詞の原形〉を使って表す。

原因を表す副詞的用法「～して」の文

「～して」と感情の原因を表すときも，〈to + 動詞の原形〉で表すことができる。

「～して」と原因を表すこの用法も，副詞的用法という。

私はあなたに会えて嬉しいです。

I am happy ＿＿＿＿＿＿ ＿＿＿＿＿＿ you.

■日本文を英語になおしましょう。

彼女はそのニュースを見て悲しいです。

➡ She is sad ＿＿＿＿＿ ＿＿＿＿＿ the news.

彼はケーキを食べて嬉しかったです。

➡ He was happy ＿＿＿＿＿＿ ＿＿＿＿＿＿ cakes.

■日本文に合うように，(　　)内の語句を並べかえましょう。

私たちは有名なサッカー選手に会えて嬉しかったです。

(to / were / we / see / happy) the famous soccer player.

➡ ＿＿＿＿＿＿＿＿＿＿＿＿＿＿＿＿ the famous soccer player.

私は彼の話を聞いて怒っています。

(I / hear / am / angry / to) his story.

➡ ＿＿＿＿＿＿＿＿＿＿＿＿＿＿＿＿ his story.

原因を表す副詞的用法によく使われる形容詞

原因を表す副詞的用法と一緒によく使われる形容詞には, be surprised to 〜 (〜して驚いている), be excited to 〜(〜してわくわくしている)などがある。

私たちはテレビを見て興奮しています。

🔊② We are excited ＿＿＿＿＿ ＿＿＿＿＿ TV.

彼女はプレゼントをもらって嬉しかったです。

🔊③ She was happy ＿＿＿＿＿ ＿＿＿＿＿ a present.

彼らはそのニュースを聞いて悲しかったです。

🔊④ They were sad ＿＿＿＿＿ ＿＿＿＿＿ the news.

■日本文を英語になおしましょう。

彼女は公園で彼に会って驚きました。

➡ She was ＿＿＿＿＿ ＿＿＿＿＿ ＿＿＿＿＿ him in the park.

父はその知らせを聞いて怒っています。

➡ My father is ＿＿＿＿＿ ＿＿＿＿＿ ＿＿＿＿＿ the news.
⌐‥‥be angry to〜 「〜して怒っている」

確認問題

(1) 「私たちはそのニュースを聞いて嬉しいです。」という意味になるように, (　　)の中から適する語句を選びましょう。

➡ We are glad (hearing / hear / to hear) the news.

(2) 「あなたは彼女を見て驚きましたか。」という意味になるように, (　　)内の語句を並べかえましょう。

(you / surprised / her / were / to / see)?

➡ ＿＿＿＿＿＿＿＿＿＿＿＿＿＿＿ ?

(3) 日本文を英語になおしましょう。
私はあなたに会えてわくわくしていました。

➡ I ＿＿＿＿＿＿＿＿＿＿＿＿＿ you.

第5章　不定詞

3 名詞的用法「〜すること」

I want | to eat apples.

to eat = 食べること

to eat apples が want の目的語

目的

私はりんごを食べることをしたいです。
＝私はりんごを食べたいです。

Point! 「〜すること」も，〈to + 動詞の原形〉を使って表す。

目的語としての名詞的用法

〈to + 動詞の原形〉を一般動詞のあとに置くことで目的語の役割を果たす。

「〜すること」と名詞と同じような働きをするため，名詞的用法という。

私は本を読むことが好きです。

I like ＿＿＿＿＿ ＿＿＿＿＿ books.

私はお茶を飲むことがしたいです。＝私はお茶が飲みたいです。

I want ＿＿＿＿＿ ＿＿＿＿＿ tea.

■日本文を英語になおしましょう。

彼は公園に行きたいです。

→ He wants ＿＿＿＿＿ ＿＿＿＿＿ to the park.

彼らは歌を歌うことが好きです。

→ They like ＿＿＿＿＿ ＿＿＿＿＿ songs.

補語としての名詞的用法

〈to + 動詞の原形〉は，be動詞のあとに置き，補語の役割を果たすこともある。

私の夢はロンドンに住むことです。

My dream is ＿＿＿＿＿ ＿＿＿＿＿ in London.

■日本文を英語になおしましょう。

彼の夢は医者になることです。

➡ His dream ＿＿＿＿＿ ＿＿＿＿＿ ＿＿＿＿＿＿＿＿＿ a doctor.

＜be動詞＋to＋動詞の原形＞

大切なことは人々に親切にすることです。

➡ The important thing ＿＿＿＿＿ ＿＿＿＿＿ ＿＿＿＿＿ kind to people.

be動詞の原形が入る

主語としての名詞的用法

〈to + 動詞の原形〉は，主語にすることもできる。

本を読むことは楽しいです。

◀))4 ＿＿＿＿＿＿ ＿＿＿＿＿＿ books is fun.

■日本文を英語になおしましょう。

自然の中を歩くのは気持ちがいいです。

➡ ＿＿＿＿＿＿ ＿＿＿＿＿ in nature is refreshing.

確認問題

(1) 日本文に合うように，(　　)内の語句を並べかえましょう。

①あなたの夢はオーストラリアに行くことですか。

(Australia / is / your dream / to / to / go)?

➡ ＿＿＿＿＿＿＿＿＿＿＿＿＿＿＿＿＿＿＿＿＿＿ ?

②朝早く起きることは大変です。

(get / in / is / hard / early / the / up / to / morning).

➡ ＿＿＿＿＿＿＿＿＿＿＿＿＿＿＿＿＿＿＿＿＿＿ .

(2) 日本文を英語になおしましょう。
彼女(かのじょ)は写真を撮(と)ることが好きです。

➡ She ＿＿＿＿＿＿＿＿＿＿＿＿＿＿＿ pictures.

4 形容詞的用法「～するための」

音声
をききながら
をうめよう!

Chataro has something to drink.

to drink = 飲むための

to drink が something を後ろから修飾

チャ太郎は飲むためのものを持っています。

＝チャ太郎は飲み物を持っています。

Point! 「～するための［すべき］」も，〈to + 動詞の原形〉を使って表す。

形容詞的用法「～するための」の文

「～するための」「～すべき」という意味で前の名詞を修飾するときも，

〈to + 動詞の原形〉を使う。名詞を修飾する働きから，形容詞的用法という。

私には彼に伝えるべきことがたくさんあります。

1 I have many things ＿＿＿＿＿ ＿＿＿＿＿ him.

私は食べるための何かが欲しいです。 ＝私は何か食べ物が欲しいです。

2 I want something ＿＿＿＿＿ ＿＿＿＿＿ .

■日本文を英語になおしましょう。

私は理科を勉強する十分な時間があります。

➡ I have enough time ＿＿＿＿＿ ＿＿＿＿＿ science.

私はたずねるべき人を知っています。

➡ I know someone ＿＿＿＿＿ ＿＿＿＿＿ .

■日本文に合うように，（　）内の語句を並べかえましょう。

日本には訪れるべきたくさんの場所があります。

There are (to / places / visit / many) in Japan.

➡ There are ＿＿＿＿＿＿＿＿＿＿＿＿＿＿＿＿＿＿＿＿＿＿＿ in Japan.

〈something＋形容詞〉の文

〈to＋動詞の原形〉を〈something＋形容詞〉と一緒に使うときは，

〈something＋形容詞＋to＋動詞の原形〉の語順。

私は食べるための温かい何かが欲しいです。＝私は何か温かい食べ物が欲しいです。

 I want something hot ＿＿＿＿ ＿＿＿＿ .

■日本文を英語になおしましょう。

私たちは何か冷たい飲み物が欲しいです。

➡ We want ＿＿＿＿＿＿＿＿ cold ＿＿＿＿ ＿＿＿＿ .

あなたは何か温かい食べ物を持っていますか。

➡ Do you have ＿＿＿＿＿＿ hot ＿＿＿＿ ＿＿＿＿ ?

‥‥‥疑問文の場合はanythingが入る

■日本文に合うように，（　　）の中から適する語句を選びましょう。

彼女は彼にあげるための何か素敵なものを買いたいですか。

➡ Does she want to buy (nice anything / anything nice / nice something)

to give him?

（確認問題）

(1) 日本文を英語になおしましょう。

①私はテレビを見る時間がありません。

➡ I have no ＿＿＿＿＿＿＿＿＿＿ TV.

②あなたは今日たくさんのするべきことがあります。

➡ You have a lot of ＿＿＿＿＿＿＿＿＿＿ today.

(2) 「これらはあなたの友達にあげるための本ですか。」という意味になるように，
（　　）内の語句を並べかえましょう。

(to / friends / the / are / give / your / these / books / to)?

➡ ＿＿＿＿＿＿＿＿＿＿＿＿＿＿＿＿＿＿＿＿＿ ?

5 不定詞のまとめ

不定詞 ＝「to ＋動詞の原形」

副詞的用法	名詞的用法	形容詞的用法
「〜するために」「〜して」	「〜すること」	「〜するための」「〜すべき」
I go to the sea to swim.	I like to play baseball.	I have something sweet to eat.
私は泳ぐために海へ行きます。	私は野球をすることが好きです。	私は食べるための甘いもの（甘い食べ物）を持っています。

Point! 〈to ＋動詞の原形〉には，副詞的用法「〜するために，〜して」，

名詞的用法「〜すること」，形容詞的用法「〜するための，〜すべき」

の 3 つの用法がある。

〈to ＋動詞の原形〉の副詞的用法

① 〈to ＋動詞の原形〉が動作の目的を表し，「〜するために」を意味する。

② 〈to ＋動詞の原形〉が原因や理由を表し，「〜して」を意味する。

私は昼食を食べるためにレストランへ行きました。

I went to the restaurant ＿＿＿＿ ＿＿＿＿ lunch.

それを聞いて私は嬉しいです。

I'm glad ＿＿＿＿ ＿＿＿＿ that.

■日本文を英語になおしましょう。

ナンシーはおばに会うためにニューヨークを訪れました。

➡ Nancy visited New York ＿＿＿＿ ＿＿＿＿ her aunt.

母親の料理を食べられて彼は幸せでした。

➡ He was happy ＿＿＿＿ ＿＿＿＿ his mother's dish.

英語を勉強するためにあなたはカナダへ行ったのですか。

➡ Did you go to Canada ＿＿＿＿ ＿＿＿＿ English?

〈to ＋ 動詞の原形〉の名詞的用法

〈to ＋ 動詞の原形〉が動詞の目的語になり，「～すること」を意味する。

私は宿題を終わらせる必要があります。

I need _____ _____ my homework.

歌手になることが私の夢です。

_____ _____ a singer is my dream.

■日本文を英語になおしましょう。

私は今日えんぴつを買いたいです。

➡ I want _____ _____ pencils today.

memo

want to ～「～したい」
like to ～「～することが好き」

〈to ＋ 動詞の原形〉の形容詞的用法

〈to ＋ 動詞の原形〉が名詞を後ろから修飾し，「～するための」「～すべき」を意味する。

何か飲み物を持っていますか。

Do you have anything _____ _____ ?

確認問題

(1) 「私は彼に写真を見せるために彼の家へ行きました。」という意味になるように，
( )内の語句を並びかえましょう。

(I / to / him / went / pictures / his house / to / show).

➡ _____ .

(2) 日本文を英語になおしましょう。
①私はあなたに話すべき話があります。

➡ I have a story _____ .

②私にとって新しいことを学ぶのはとても楽しいです。

➡ _____ is a lot of fun for me.

1 It is ... to ～ 「～することは…です」

音声をききながら_____をうめよう!

To study English is fun.

形式主語 it を置く　　　　　　〈to＋動詞の原形〉を文末に移動

= It is fun to study English.
　　　＝
　　to study English

英語を勉強することは楽しいです。

Point! 「～することは…です」は,〈It is ... ＋ to ＋ 動詞の原形 ～.〉を使って表す。

形式主語の文

「～することは…です」は It is を主語にして,〈It is ... ＋ to ＋ 動詞の原形 ～.〉で表す。

英語を話すことは難しいです。

 _____ _____ difficult _____ _____ English.

■日本文を英語になおしましょう。

> この〈It's ～〉は形式主語だから,「それは～です」とは訳さないよ。

映画を見ることはわくわくします。

➡ _____ exciting _____ _____ movies.
　　└---- it is の短縮形が入る

バレーボールをすることは楽しかったです。

➡ _____ _____ fun _____ _____ volleyball.
　　　　└--- 過去形の文ではbe動詞を過去形にする

■日本文に合うように, (　　)内の語句を並べかえましょう。

夕食を楽しむことは大切です。

(to / enjoy / is / important / it) dinner.

➡ _____ dinner.

ケーキを作ることは簡単です。

(to / make / is / easy / it) cakes. ➡ _____ cakes.

形式主語の疑問文と否定文

疑問文は〈Is it ... + to + 動詞の原形 ～?〉,

否定文は〈It is not ... + to + 動詞の原形～.〉で表す。

今日，この仕事を終わらせることは必要ですか。

2) ＿＿＿＿ ＿＿＿＿ necessary ＿＿＿＿ ＿＿＿＿＿ this work today?

この質問に答えることは重要ではありません。

3) ＿＿＿ ＿＿＿ ＿＿＿ important ＿＿＿ ＿＿＿＿ this question.

■日本文を英語になおしましょう。

一緒に勉強することは重要ではありません。
いっしょ

➡ ＿＿＿＿ ＿＿＿＿ important ＿＿＿＿ ＿＿＿＿ together.

　　　　└--- is notの短縮形が入る

英語の本を読むことは困難ですか。

➡ ＿＿＿＿ ＿＿＿ hard ＿＿＿＿ ＿＿＿＿ English books?

確認問題

(1) 日本文を英語になおしましょう。

①新しいことを知ることはおもしろいです。

➡ ＿＿＿ interesting ＿＿＿＿＿＿ new things.

②料理をすることは楽しいですか。

➡ ＿＿＿＿ fun ＿＿＿＿ ?

(2) 日本文に合うように，（　　）内の語句を並べかえましょう。

①今日ここに来る必要はありません。

(isn't / today / to / come / necessary / it / here).

➡ ＿＿＿＿＿＿＿＿＿＿＿＿＿＿＿＿ .

②この宿題を今日終わらせることは必要ですか。

(necessary / this homework / is / to / today / it / finish)?

➡ ＿＿＿＿＿＿＿＿＿＿＿＿＿＿＿ ?

have to 〜
「〜しなければなりません」

音声 をききながら ＿＿ をうめよう！

I finish my homework today.

私は今日，宿題を終えます。

I have to finish my homework today.

私は今日，宿題を終えなければなりません。

Point! 「〜しなければなりません」は，〈have to ＋ 動詞の原形〉を使って表す。

---

have to の文

「〜しなければなりません」は，〈have to ＋ 動詞の原形 〜〉で表す。

あなたは自分の部屋を掃除しなければなりません。

1) You ＿＿＿＿ ＿＿＿＿ ＿＿＿＿ your room.

■日本文を英語になおしましょう。

私は今日この仕事を終わらせなければなりません。

➡ I ＿＿＿＿＿ ＿＿＿＿＿ ＿＿＿＿＿ this work today.

あなたはサッカーの練習をしなければなりません。

➡ You ＿＿＿＿＿ ＿＿＿＿＿ ＿＿＿＿＿ soccer.

---

has to の文（三単現）

「〜しなければなりません」の文で，主語が三人称単数のときは has to を使う。

彼は駅に行かなければなりません。

2) He ＿＿＿＿ ＿＿＿＿ ＿＿＿＿ to the station.

■日本文を英語になおしましょう。

彼は病院に行かなければなりません。

➡ He ＿＿＿＿ ＿＿＿＿ to the hospital.

> **memo**
> **三人称単数現在（三単現）とは**
> 三人称:主語が一人称(私[たち])，
> 　　　　二人称(あなた[たち])以外
> 単数:1人, 1つ
> 現在:現在の時制

■日本文に合うように，(　　)内の語句を並べかえましょう。

私の母は父にその話を伝えなければなりません。

My mother (tell / has / the story / to) to my father.

➡ My mother ＿＿＿＿＿＿＿＿＿＿＿＿＿＿＿＿＿ to my father.

had to の文（過去形）

「〜しなければなりませんでした」（過去の文）では，主語にかかわらず had to を使う。

私は昨日，家にいなければなりませんでした。

I ＿＿＿＿＿ ＿＿＿＿＿ ＿＿＿＿＿ home yesterday.

■日本文を英語になおしましょう。

彼らは昨日それらの本を運ばなければなりませんでした。

➡ They ＿＿＿＿＿ ＿＿＿＿＿ ＿＿＿＿＿＿＿ those books yesterday.

（確認問題）

(1) 「〜しなければなりませんでした」 という文に書きかえましょう。
He has to improve his English skill.
➡ ＿＿＿＿＿＿＿＿＿＿＿＿＿＿＿＿＿＿＿＿＿

(2) 日本文を英語になおしましょう。
彼女は今日，昼食を持ってこなければなりません。
➡ She ＿＿＿＿＿＿＿＿＿＿＿＿ lunch today.

(3) 「あなたは先生に会うために学校に行かなければなりません。」 という意味になるように，(　　)内の語句を並べかえましょう。
(school / go / meet / to / have / to / your teacher / to / you).
➡ ＿＿＿＿＿＿＿＿＿＿＿＿＿＿＿＿＿＿＿＿ .

2 do not have to 〜 「〜しなくてもよいです」

音声 をききながら ＿＿をうめよう!

You **don't have to finish** your homework today.
　　あなたは今日宿題を<u>終わらせる必要はありません</u>。

Do **you have to finish** your homework today?
　　あなたは今日宿題を<u>終わらせなければなりませんか</u>。

今日終わらなく てもいいよ。

今日終わらせ ないとだめ?

Point! 「〜しなくてもよいです」は, have to の前に do not[does not] を置く。

have to の否定文

「〜しなくてもよいです, 〜する必要はありません」は,

〈do not[does not] have to + 動詞の原形 〜〉で表す。

あなたは早く起きる必要はありません。

① You ＿＿＿＿＿＿＿＿＿＿＿＿＿＿ early.

彼(かれ)は早く起きる必要はありませんでした。

② He ＿＿＿＿＿＿＿＿＿＿＿＿＿＿ early.

■日本文を英語になおしましょう。

彼女(かのじょ)は今日そこに行く必要はありません。

➡ She ＿＿＿＿＿＿＿＿＿＿＿＿＿＿ there today.

╌╌ 主語Sheは三人称単数なのでdoesn'tを使う

彼女はその規則にしたがう必要はありませんでした。

➡ She ＿＿＿＿＿＿＿＿＿＿＿＿＿＿ the rule.

have to の否定文は, 「〜してはいけない」とい う意味ではないんだね。

memo
have toの否定文
I, you, we, theyなど
　→ don't have to
he, she, Tomなど
　→ doesn't have to

have to の疑問文

「～しなければなりませんか」は，〈Do[Does] + 主語 + have to + 動詞の原形 ～?〉の語順。

彼は病院に行かなければなりませんか。

_____ he _____ _____ _____ to the hospital?

― はい，行かなくてはなりません。/ いいえ，行く必要はありません。

― Yes, he _____ . / No, he _____ .

■日本文を英語になおしましょう。

あなたは今日，家にいなければなりませんか。

➡ _____ you _____ _____ _____ home today?

彼の先生は電車に乗らなければなりませんか。

➡ _____ his teacher _____ _____ _____ a train?

‥---主語が三人称単数で現在形の文のときはdoesを使う

確認問題

(1) 「～する必要はありません」という文に書きかえましょう。

He has to go to see a doctor.

➡ _____ .

(2) 「～する必要はありませんでした」という文に書きかえましょう。

They had to listen to her story.

➡ _____ .

(3) 「彼女は明日学校へ歩いていかなければなりませんか。」という意味になるように，(　　)内の語句を並べかえましょう。

(she / walk / have / to / school / does / tomorrow / to)?

➡ _____ ?

3 must「～しなければなりません」

音声をききながら___をうめよう！

You **must study** hard.

あなたは一生懸命勉強をしなくてはなりません。

Must **you study** hard?

あなたは一生懸命勉強をしなくてはなりませんか。

Point! 「～しなければなりません」は，have to のほか must を使って表すこともできる。

must「～しなければなりません」の文

「～しなければなりません」は，must という助動詞でも表すことができる。

あなたはここへ来なければなりません。

 You ＿＿＿＿＿ ＿＿＿＿＿ here.

■日本文を英語になおしましょう。

彼女はそのテストの準備をしなければなりません。

➡ She ＿＿＿＿＿＿＿ ＿＿＿＿＿＿＿ for the test.

私たちは手紙を書かなければなりません。

➡ We ＿＿＿＿＿＿ ＿＿＿＿＿ letters.

> **memo**
> mustの後ろには，必ず動詞の原形がくる。

must の疑問文

「～しなければなりませんか」という疑問文は，〈Must＋主語＋動詞の原形 ～?〉で表す。この疑問文に No で答えるときは，must not ではなく don't[doesn't] have to を使う。

私はここへ来なければなりませんか。

 ＿＿＿＿＿ I ＿＿＿＿＿ here?

— はい，来なければなりません。／ いいえ，来なくてもよいです。

 — Yes, you ＿＿＿＿＿ . / No, you ＿＿＿＿ ＿＿＿ ＿＿＿ .

■日本文を英語になおしましょう。

あなたは朝に駅に到着しなければなりませんか。

➡ _____ you _____ at the station in the morning?

— はい，到着しなければなりません。

➡ — Yes, I _____ .

彼は車を借りなければなりませんか。

➡ _____ he _____ a car?

— いいえ，借りなくてもよいです。

➡ — No, he _____ _____ _____ .

■日本文に合うように，( )の中から適する語句を選びましょう。

あなたのお姉さんは外国で勉強しなければなりませんか。

➡ (Does / Must) your sister study abroad?

— はい，勉強しなければなりません。／ いいえ，勉強しなくてもよいです。

➡ — Yes, she (must / does). / No, she (must not / doesn't have to).

確認問題

(1) 「～しなければなりませんか」という疑問文に書きかえ，「はい」と「いいえ」
の両方で答えましょう。

You must change trains at Tokyo Station.

➡ _____

—— Yes, I _____ . / No, I _____ .

(2) 日本文に合うように，( )内の語句を並べかえましょう。

①彼はそのクラブに参加しなければなりません。

(he / the club / must / join). ➡ _____ .

②私たちは朝早く出発しなければなりませんか。

(we / in the morning / must / leave / early)?

➡ _____ ?

4 must not 「〜してはいけません」

音声をききながら　をうめよう！

You **must not go** that way.

あなたはその道を<u>行ってはいけません</u>。

You **don't have to eat** it all.

あなたはそれを全部<u>食べる必要はありません</u>。

Point! 「〜してはいけません」は must not,「〜しなくてもよいです，〜する必要はありません」は don't[doesn't have to] を使って表す。

must not 「〜してはいけません」の文

〈must not + 動詞の原形〉の否定文は,「〜してはいけません」という禁止の意味。

あなたはここへ来てはいけません。

 You ＿＿＿＿＿ ＿＿＿＿＿ ＿＿＿＿＿ here.

■日本文を英語になおしましょう。

あなたはここで友達と話してはいけません。

➡ You ＿＿＿＿＿ ＿＿＿＿＿ talk with friends here.

> **memo**
> must not の短縮形は mustn't。

かれ
彼らは今テレビを見てはいけません。

➡ They ＿＿＿＿＿＿ watch TV now.

■日本文に合うように,（　　）の中から適する語句を選びましょう。

あなたは今日外出してはいけません。

➡ You (have to not / must not) go out today.

彼は公園で野球をしてはいけません。

➡ He (mustn't play / doesn't have to play) baseball in the park.

must と have to の否定文の区別

have to と must はどちらも肯定文では「〜しなければなりません」という意味だが, 否定文では違う意味になる。

彼はそこへ行ってはいけません。

②))) He _____ _____ there.

彼はそこへ行く必要はありません。

③))) He _____ _____ _____ _____ there.

■日本文を英語になおしましょう。

彼女は昼食を作る必要はありません。

➡ She _____ _____ _____ lunch.

彼は今, 寝てはいけません。

➡ He _____ _____ _____ now.

私は英語を話さなければなりませんか。

➡ _____ _____ _____ English?

確認問題

(1) 日本文に合うように, (　　　)の中から適する語句を選びましょう。

①彼らはここで英語を話す必要はありません。

➡ They (must not / don't have to) speak English here.

②彼女はそのミーティングを忘れてはいけません。

➡ She (mustn't / don't have to / doesn't have to) forget the meeting.

(2) 「私は今日ピアノの練習をする必要はありません。」という意味になるように, (　　　)内の語句を並べかえましょう。

(the piano / today / to / don't / practice / I / have).

➡ _____ .

1 動名詞「〜すること」

音声をききながら___をうめよう！

I finished <u>reading</u> these books.   <u>Watching</u> TV is fun.

=これらの本を読むこと   =テレビを見ること

私はこれらの本を読み（読むことを）終えました。   テレビを見ることは楽しいです。

Point! 「〜すること」は動詞の ing形でも表すことができる。

動名詞「〜すること」の文

〈動詞の ing形〉で「〜すること」という意味を表し，これを動名詞という。

 トムは本を読むことが好きです。

Tom likes ＿＿＿＿＿＿＿＿ books.

 私の趣味は料理をすることです。

My hobby is ＿＿＿＿＿＿＿＿ .

■日本文を英語になおしましょう。

彼女は毎日バイオリンを弾くことを楽しみます。

➡ She enjoys ＿＿＿＿＿＿ the violin every day.

私は公園を走ることが好きです。

➡ I like ＿＿＿＿＿＿＿＿ in the park.

> **memo**
> 動名詞と一緒によく使われる動詞
> like 〜ing「〜するのが好きだ」
> enjoy 〜ing「〜することを楽しむ」
> finish 〜ing「〜するのを終える」
> stop 〜ing「〜するのをやめる」
> start 〜ing「〜し始める」

文の主語になる動名詞

動名詞＝〈動詞の ing形〉は，文の主語にできる。

本を読むことは楽しいです。

 ＿＿＿＿＿＿＿ books ＿＿＿＿ fun.

■日本文を英語になおしましょう。

たがいに理解することは難しいです。

➡ ＿＿＿＿＿＿＿＿＿＿＿＿＿＿ each other ＿＿＿＿＿ difficult.

動名詞は単数扱いなので, be動詞は is を使う------

前置詞の後ろの動名詞

前置詞のあとに動詞を置く場合は, 動名詞＝〈動詞の ing形〉を使う。

ケンは英語を話すことが得意です。

Ken is good ＿＿＿＿＿ ＿＿＿＿＿＿＿ English.

■日本文を英語になおしましょう。

彼(かれ)は英語を学ぶことに興味があります。

➡ He is interested ＿＿＿＿＿ ＿＿＿＿＿ English.

私はあなたに再び会えることを楽しみにしてします。

➡ I am looking forward ＿＿＿＿＿ ＿＿＿＿＿ you again.

------「～に会う」は2通りの言い方がある

確認問題

(1) 日本文を英語になおしましょう。
部屋を掃除(そうじ)することは私たちの仕事です。

➡ ＿＿＿＿＿＿＿＿＿ rooms ＿＿＿＿＿ our job.

(2) 日本文に合うように, ( )内の語句を並べかえましょう。

①私に英語を教えてくれてありがとう。

(me / English / teaching / thank you / for).

➡ ＿＿＿＿＿＿＿＿＿＿＿＿＿＿＿＿＿＿＿＿＿＿.

②彼は友達と話すことが好きです。

(with / his friends / talking / likes / he).

➡ ＿＿＿＿＿＿＿＿＿＿＿＿＿＿＿＿＿＿＿＿＿＿.

2 動名詞と不定詞「〜すること」

音声をききながら___をうめよう!

動名詞＝〈動詞の ing形〉
He enjoys dancing.

彼は踊ることを楽しんでいます。

不定詞＝〈to＋動詞の原形〉
He hopes to be an artist.

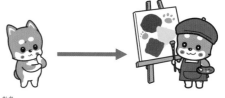

彼は芸術家になることを望んでいます。

Point! 「〜すること」は，動名詞＝〈動詞の ing形〉または不定詞＝〈to＋動詞の原形〉で表すことができる。

目的語に動名詞のみを使う動詞

enjoy（〜を楽しむ），finish（〜を終える）などの動詞は〈動詞の ing形〉のみを使う。

ユキコは歩くことを楽しみます。

 Yukiko _____ _____ .

■日本文を英語になおしましょう。

彼女は9時に理科の勉強を終えました。

➡ She _____ _____ science at nine.

目的語に不定詞のみを使う動詞

decide（〜を決める），hope（〜を望む），want（〜したい）などの動詞は，

〈to＋動詞の原形〉のみを使う。

私はロンドンを訪れることがしたいです。＝私はロンドンを訪れたいです。

 I _____ _____ _____ London.

■日本文を英語になおしましょう。

彼はオーストラリアに行くことを決めました。

➡ He _____ _____ to Australia.

目的語に動名詞と不定詞の両方を使う動詞

begin(〜を始める), like(〜を好む), start(〜を始める) などの動詞は,

〈動詞の ing形〉と〈to + 動詞の原形〉の両方を使うことができる。

私は本を読むことが好きです。

I ＿＿＿＿＿ ＿＿＿＿＿ ＿＿＿＿＿＿＿ books.

I ＿＿＿＿＿ ＿＿＿＿＿ books.

■日本文を英語になおしましょう。

あなたは何時にサッカーの試合を見始めましたか。

➡ What time did you ＿＿＿＿＿＿＿ ＿＿＿＿＿＿ the soccer game?

┄┄ 空らんの数から答えを考える

memo
動名詞と不定詞で意味が違う動詞
stop 〜ing 「〜するのをやめる」
stop to 〜 「〜するために止まる」

確認問題

(1) 日本文に合うように, (　　　)の中から適する語句を選びましょう。

私は昨夜音楽を聞くことを楽しみました。

➡ I (enjoyed to listen / enjoyed listening) to music last night.

(2) 日本文を英語になおしましょう。

①彼女は昼食のあと, 買い物に行きたいです。

➡ She ＿＿＿＿＿＿＿＿＿ shopping after lunch.

②彼らはその話を書き終えました。

➡ They ＿＿＿＿＿＿＿＿＿ the story.

③1時間前に雨が降り始めました。

➡ It ＿＿＿＿＿＿＿＿＿＿＿＿＿＿＿

an hour ago.

1 疑問詞 + to

how to play **the guitar**
どのようにギターを弾くのか

what to buy
何を買うべきか

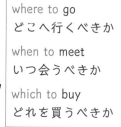

| where to go どこへ行くべきか |
| when to meet いつ会うべきか |
| which to buy どれを買うべきか |

Point! 〈疑問詞 + to + 動詞の原形〉で「～(する)べきか，～(する)方法」
という意味を表すことができる。疑問詞ごとに，かたまりで意味を覚えよう。

how ＋ to，what ＋ to の文

〈how to + 動詞の原形〉は，「どのように～するか(～する方法，～のし方)」，

〈what to + 動詞の原形〉は「何を～すべきか」という意味を表す。

私はカレーの作り方を知っています。

 I know ＿＿＿＿＿ ＿＿＿＿＿ make curry.

彼女は昼食に何を食べるべきか決められません。

 She can't decide ＿＿＿＿＿ ＿＿＿＿＿ ＿＿＿＿＿ for lunch.

■日本文を英語になおしましょう。

私は海での泳ぎ方を知っています。

➡ I know ＿＿＿＿＿ ＿＿＿＿＿ ＿＿＿＿＿ in the sea.
　　　　　　　「～のし方」はhow　to

私は彼女に何をあげるべきかわかりませんでした。

➡ I didn't know ＿＿＿＿＿ ＿＿＿＿＿ ＿＿＿＿＿ to her.

■日本文に合うように，(　　)内の語句を並べかえましょう。

あなたは京都駅への行き方を知っていますか。

Do you know (Kyoto Station / to / how / get / to)?

➡ Do you know ＿＿＿＿＿＿＿＿＿＿＿＿＿＿＿＿＿＿＿＿＿ ?

where＋to, when＋to, which＋toの文

〈疑問詞 + to + 動詞の原形〉の表現には，〈where to ～〉「どこで(へ)～すべきか」，〈when to ～〉「いつ～すべきか」，〈which to ～〉「どれを～すべきか」もある。

彼女はどこへ行くべきかを決めました。

③ She decided ＿＿＿＿＿＿ ＿＿＿＿＿＿ ＿＿＿＿＿＿ .

私はどれを選ぶべきかわかりません。

④ I don't know ＿＿＿＿＿＿ ＿＿＿＿＿＿ ＿＿＿＿＿＿ .

■日本文を英語になおしましょう。

彼はいつも薬をいつ飲むべきかを忘れます。

➡ He always forgets ＿＿＿＿＿＿ ＿＿＿＿＿＿ ＿＿＿＿＿＿ his medicine.

あなたたちは彼のためにどれを選ぶべきかを決められませんでした。

➡ You couldn't decide ＿＿＿＿＿＿ ＿＿＿＿＿ ＿＿＿＿＿＿ for him.

私たちは次の休暇にどこへいくかについて話しました。

➡ We talked about ＿＿＿＿＿＿ ＿＿＿＿＿ ＿＿＿＿＿ next vacation.

確認問題

(1) 日本文を英語になおしましょう。

①この手紙はいつパーティーに来るべきかを示しています。

➡ This letter shows ＿＿＿＿＿＿＿＿＿＿＿ to the party.

②私たちは最初に何をすべきかを決める必要があります。

➡ We need to decide ＿＿＿＿＿＿＿＿＿＿＿ first.

(2) 「彼女は最初にどの本を読むべきかわかりませんでした。」という意味になるように，(　　)内の語句を並べかえましょう。

(read / know / to / which / didn't / she / book) first.

➡ ＿＿＿＿＿＿＿＿＿＿＿＿＿＿＿＿ first.

53

2 動詞＋（人）＋ 疑問詞＋to

音声をききながら ___をうめよう！

I will tell you how to dance.　私はあなたに踊り方を教えます。

tell＋ 人 ＋ もの・こと
⇒ （人）にもの・ことを教える

Point!　「（人）に（もの・こと）を〜する」の「もの・こと」には
〈疑問詞 + to + 動詞の原形〉を使うこともできる。

動詞＋（人）＋疑問詞＋to の文

〈動詞 + 人 + もの・こと〉「（人）に（もの・こと）を〜する」の文は，
「もの・こと」を〈疑問詞 + to + 動詞の原形〉に置きかえることができる。

私はあなたにスパゲッティを作る方法を教えましょう。

① I will teach you ＿＿＿＿ ＿＿＿＿ cook spaghetti.

私にどちらを学ぶべきか教えてもらえますか。

② Can you tell me ＿＿＿ ＿＿＿ ＿＿＿ ?

■日本文を英語になおしましょう。

彼女は彼にどちらを先生にあげるべきかをたずねました。

➡ She asked him ＿＿＿ ＿＿＿ ＿＿＿ to their teacher.

その質問の答え方を教えてください。

➡ Please tell me ＿＿＿ ＿＿＿ the question.

彼は彼女にいつ電話すべきかたずねました。

➡ He asked her ＿＿＿ her.

memo
〈動詞＋（人）＋疑問詞＋to＋動詞の原形〉を
とる代表的な動詞
show, tell, teach, ask

疑問詞＋名詞＋to の文

「何の(名詞)を〜すべきか」は〈what ＋ 名詞 ＋ to ＋ 動詞の原形〉,

「どの(名詞)を〜すべきか」は〈which ＋ 名詞 ＋ to ＋ 動詞の原形〉の語順。

 私は彼に何の言語を学ぶべきかをたずねました。

I asked him _____ _____ _____ _____ .

 あなたは彼女にどのバスに乗るべきかを教えました。

You told her _____ _____ _____ _____ .

■日本文を英語になおしましょう。

彼に何の本を買うべきか教えてくれませんか。

➡ Could you tell me _____ _____ _____

for him?

･----「何の本」はwhat book

私たちはアメリカへ行くためにどの飛行機に乗るべきかわかりませんでした。

➡ We didn't know _____ _____ _____ _____

to go to America.

確認問題

(1) 日本文を英語になおしましょう。

①あなたはパーティーに何を持っていくべきかを知っていますか。

➡ Do you know _____ to the party?

②あなたはパーティーに何の食べ物を持っていくべきかを知っていますか。

➡ Do you know _____ to the party?

(2) 「私は彼にこのコンピューターの使い方をたずねました。」という意味になるように, (　　)内の語句を並べかえましょう。

(asked / him / to / this computer / use / how / I).

➡ _____ .

3 be動詞 + 形容詞 + that

I <u>am sure that</u> she is the famous singer.

＝〜だと（いうことを）確信している

私は彼女（かのじょ）が有名な歌手である<u>と確信しています</u>。

Point! 〈be動詞 + 形容詞 + (that) 〜〉の文は，

「〜だということを…（形容詞）だ」という意味。

be動詞 + sure + (that) 〜の文

〈be動詞 + sure + (that) 〜〉は「〜だと（いうことを）確信している」「きっと〜だ」という

意味。

私は彼（かれ）が授業に遅刻（ちこく）すると確信しています。

 I ＿＿＿＿ ＿＿＿＿ ＿＿＿＿ he will be late for the class.

■日本文を英語になおしましょう。

彼は彼女が明日，本を買うと確信しています。

➡ He ＿＿＿＿ ＿＿＿＿ ＿＿＿＿ she will buy books tomorrow.

きっと彼らは疲（つか）れているでしょう。

➡ I ＿＿＿＿ ＿＿＿＿ they are tired.

> **memo**
> be sure thatのthatは
> 省略することもできる。

■日本文に合うように，（　　）内の語句を並べかえましょう。

私の兄は彼女はあとで来ると確信しています。

(sure / is / my brother / that) she will come later.

➡ ＿＿＿＿＿＿＿＿＿＿＿＿＿＿＿＿＿＿ she will come later.

きっと彼は今日宿題をやらないでしょう。

(do / that / won't / I'm / he / sure) his homework today.

➡ ＿＿＿＿＿＿＿＿＿＿＿＿＿＿＿＿＿＿ his homework today.

⌞----「きっと〜だ」と思っているのは「私」

〈be動詞 ＋ 形容詞 ＋（that）〜〉の文

〈be動詞 ＋ 形容詞 ＋（that）〜〉の文に使う形容詞には，sure 以外に

glad, sorry, sad などがある。

彼女は，彼が彼女に指輪をあげたということが嬉しかったです。

2)) She ＿＿＿＿ ＿＿＿＿ ＿＿＿＿ he gave her a ring.

私は，あなたの眼鏡を壊したということをすまないと思います。

3)) I ＿＿＿＿ ＿＿＿＿ ＿＿＿＿ I broke your glasses.

■日本文を英語になおしましょう。

私は彼女に会えて嬉しかったです。

➡ I ＿＿＿＿＿＿ ＿＿＿＿＿＿ ＿＿＿＿＿ I could meet her.

彼が風邪をひいているので，私は悲しいです。

➡ I ＿＿＿＿＿＿＿＿＿＿＿＿＿＿＿＿＿＿ he has a cold.

私の姉は彼が医者になったことを驚いていました。

➡ My sister ＿＿＿＿＿＿＿＿＿＿＿＿＿＿ he became a doctor.

確認問題

(1) 日本文を英語になおしましょう。

彼は彼女がプレゼントをくれて驚いています。

➡ ＿＿＿＿＿＿ ＿＿＿＿＿ ＿＿＿＿＿ that she gave him a present.

(2) 日本文に合うように，＿＿＿に当てはまる3語を書きましょう。

私たちは彼ならそれをできると確信しています。

➡ We ＿＿＿＿＿＿＿＿＿＿＿＿＿＿＿ he can do it.

(3) 「私は彼の家に行けなくてすまないと思います。」という意味になるように，

（　　）内の語句を並べかえましょう。

(sorry / I / to / can't / his house / go / that / I'm).

➡ ＿＿＿＿＿＿＿＿＿＿＿＿＿＿＿＿＿＿＿＿＿＿＿.

1 〜er than ... 「…よりも〜」

A bear is heavier than a rabbit.

クマはウサギよりも重いです。

A rabbit is lighter than a bear.

ウサギはクマよりも軽いです。

Point! 2つのものを比べるときは，

〈比較級 + than + 比べる対象〉を使って表す。

比較級の文

2つのものを比べるときは，〈比較級 + than + 比べる対象〉の語順。

このイヌは私のよりも大きいです。

1 This dog is ＿＿＿＿＿＿＿ ＿＿＿＿＿＿＿ mine.

ルーシーはカナよりも速く走ります。

2 Lucy runs ＿＿＿＿＿＿＿ ＿＿＿＿＿＿＿ Kana.

■（　　）に比較級を書いて，表を完成させましょう。

形容詞・副詞の種類	比較級の作り方	原級 ➡ 比較級
基本	er をつける	old ➡ （　　　　　　　）
語尾が e で終わる語	r をつける	large ➡ （　　　　　　　）
〈子音字 + y〉で終わる語	y を i にして er をつける	easy ➡ （　　　　　　　）
big など	最後の文字を重ねて er をつける	big ➡ （　　　　　　　）

■日本文を英語になおしましょう。

アメリカは日本より大きいです。

➡ America is ＿＿＿＿＿＿＿ ＿＿＿＿＿＿＿ Japan.

- - - - - 「面積が大きい」はbigではなくlarge

形容詞や副詞の
もとの形のことを
原級というよ。

私の父は私の兄より早く起きます。

➡ My father gets up ＿＿＿＿＿＿＿ ＿＿＿＿＿＿＿ my brother.

つづりの長い語の比較級の文

つづりの長い形容詞や副詞の比較級は〈more ＋ 原級〉の形。

私にとって中国語は英語よりも難しいです。

Chinese is ＿＿＿＿＿ ＿＿＿＿＿ ＿＿＿＿＿ English for me.

■日本文を英語になおしましょう。

この俳優はあの俳優より人気があります。

➡ This actor is ＿＿＿＿＿ ＿＿＿＿＿ ＿＿＿＿＿ that one.

これらのコンピューターはスマートフォンより役に立ちます。

➡ These computers ＿＿＿＿＿ ＿＿＿＿＿ ＿＿＿＿＿ ＿＿＿＿＿

smartphones.

> **memo**
> **more**をつける形容詞の例
> beautiful, difficult, famous,
> interesting, popular, useful

確認問題

(1) 日本文を英語になおしましょう。
① 彼女はリサ（Lisa）より背が高いです。

➡ She is ＿＿＿＿＿＿＿＿＿＿ Lisa.

② 今日は昨日より暑いです。

➡ It is ＿＿＿＿＿ today ＿＿＿＿＿ yesterday.

(2) 日本文に合うように，（　　）内の語句を並べかえましょう。
① あなたはトムより速く走ることができますか。

(you / run / Tom / can / than / faster)?

➡ ＿＿＿＿＿＿＿＿＿＿＿＿＿＿＿＿＿＿＿ ?

② 私にとって卓球はサッカーよりもおもしろいです。

(soccer / is / interesting / table tennis / than / more) to me.

➡ ＿＿＿＿＿＿＿＿＿＿＿＿＿＿＿＿＿ to me.

2 the ～est 「最も～」

音声をききながら をうめよう!

The elephant is <u>the largest</u> in that zoo.

= いちばん大きい

= 最も大きい

そのゾウはあの動物園の中で<u>いちばん大きい</u>です。

Point! 3つ以上のものを比べて「～の中で最も～」というときは,

〈the + 最上級 + in / of + 比べる対象(複数)〉を使って表す。

最上級の文

3つ以上のものを比べて「最も[いちばん]～」と言うときは,〈the + 最上級〉で表す。

このイヌはこの町で最も大きいです。

① This dog is ＿＿＿＿ ＿＿＿＿ ＿＿＿＿ this town.

ルーシーは3人の中でいちばん速く走ります。

② Lucy runs ＿＿＿＿ ＿＿＿＿ ＿＿＿＿ the three.

■ (　　)に最上級を書いて, 表を完成させましょう。

形容詞・副詞の種類	最上級の作り方	原級 ➡ 最上級	
基本	est をつける	old ➡ (	)
語尾が e で終わる語	st をつける	large ➡ (	)
〈子音字 + y〉で終わる語	y を i にして est をつける	easy ➡ (	)
big など	最後の文字を重ねて est をつける	big ➡ (	)

■日本文を英語になおしましょう。

彼はその3人の中でいちばん年上です。

➡ He is ＿＿＿＿＿＿＿＿ the three.

私の母は家族の中でいちばん忙しいです。

➡ My mother is ＿＿＿＿＿＿＿＿ my family.

memo
ofとinの使い分け
of + 複数を表す語
in + 範囲や場所を表す語

つづりの長い語の最上級の文

つづりの長い形容詞や副詞の最上級は〈most + 原級〉の形で表す。

この質問はすべての中で最も難しいです。

 This question is _____ _____ _____ _____ all.

■日本文を英語になおしましょう。

memo
mostをつける語は
moreをつける語と同じ。

その花はすべての中で最も美しいです。

➡ The flower is _____ _____ _____ all.

この映画は日本で最も人気がありました。

➡ This movie was _____ _____ _____ in Japan.

確認問題

(1) ( )の中から正しいほうを選びましょう。

このペンはすべての中でいちばん高価です。

This pen is the most expensive (in / of) all.

(2) 日本文を英語になおしましょう。

①2月は1年の中で最も短い月です。

➡ February is _____ month _____ the year.

②彼女は日本でいちばん有名な作家ですか。

➡ Is she _____ writer _____ Japan?

(3) 日本文に合うように，( )内の語句を並べかえましょう。

①ナンシーは5人の中で最も早く泳ぎます。

(fastest / five / swims / of / the / Nancy / the).

➡ _____.

②日本で最も高い山は何ですか。

(Japan / mountain / what / highest / the / is / in)?

➡ _____?

61

3 特殊な変化をする比較級・最上級

I like cookies better than cakes.

私はケーキよりもクッキーが好きです。

I like cookies the best of all sweets.

私はすべてのお菓子の中でクッキーがいちばん好きです。

Point!　good や well の比較級は better，最上級は best の形になる。

good や well の比較級と最上級の文

good や well の比較の文は better than，最上級の文は the best in / of を使って表す。

あなたのアイデアは私のものよりよいです。

① Your idea is ＿＿＿＿＿ ＿＿＿＿＿ mine.

あなたのアイデアは私たちのクラスの中で最もよいです。

② Your idea is ＿＿＿ ＿＿＿＿＿＿ ＿＿＿＿＿ our class.

■日本文を英語になおしましょう。

今日は，昨日より調子がよいです。

➡ I feel ＿＿＿＿＿ today ＿＿＿＿ yesterday.

彼は私たちのクラスでピアノを弾くのがいちばん上手です。

➡ He plays the piano ＿＿＿＿ ＿＿＿＿ ＿＿＿＿ our class.

> memo
>
> | 原級 | — | 比較級 | — | 最上級 |
> |---|---|---|---|---|
> | good
well } | — | better | — | best |

「…より～のほうが好き」の文

2つのものを比べて「…より～のほうが好き」と言うときは，〈like ～ better than ...〉の語順。

私は夏より冬のほうが好きです。

③ I ＿＿＿＿ winter ＿＿＿＿＿ ＿＿＿＿＿ summer.

■日本文を英語になおしましょう。

彼女は野球よりサッカーのほうが好きです。
<ruby>彼女<rt>かのじょ</rt></ruby>は野球よりサッカーのほうが好きです。

➡ She _____ soccer _____ _____ baseball.

あなたは数学より英語のほうが好きですか。

➡ Do you _____ English _____ _____ math?

「～が最も好き」の文

3つ以上のものを比べて「～が最も好き」と言うときは，〈like ～ the best〉の語順。

コウジはすべての教科の中で英語が最も好きです。

🔊 Koji _____ English _____ _____ _____ all subjects.

■日本文を英語になおしましょう。

あなたはどの季節がいちばん好きですか。

➡ Which season do you _____ _____ _____ ?

私はすべての季節の中で春がいちばん好きです。

➡ I _____ spring _____ _____ _____ all seasons.

確認問題

(1) 日本文を英語になおしましょう。

①すべての中で何のスポーツがいちばん好きですか。

➡ What sport do you _____ all?

②この辞書は私のものよりよいです。

➡ This dictionary is _____ mine.

(2) 「彼女はネコよりイヌが好きです。」という意味になるように，(　　　)内の語句を並べかえましょう。

(cats / likes / better / she / than / dogs).

➡ _____ .

63

4 「どちらが(より)〜」「どれが最も〜」

音声をききながら□をうめよう!

Which is smaller, cats or lions?
ネコとライオンでは, どちらのほうが小さいですか。

Which is the smallest of the three?
3匹の中で, どれがいちばん小さいですか。

Point! 2つのものを比較するときは〈which 〜 比較級〉, 3つ以上のものを比較するときは〈which 〜 the + 最上級〉を使ってたずねる。

「どちらが(より)〜」の文

2つのものを比べて「AとBではどちら(の…)のほうが(より)〜か」とたずねるときは, 〈Which 〜 比較級, A or B?〉の語順。答えるときは, 2つのうちどちらかを具体的に答える。

浅間山と阿蘇山では, どちらのほうが(より)高いですか。

1 ＿＿＿＿ is ＿＿＿＿, Mt. Asama ＿＿＿＿ Mt. Aso?

— 浅間山です。

2 ── Mt. Asama ＿＿＿＿.

■日本文を英語になおしましょう。

memo
人を比較する場合はwhichではなくwhoを使う。

信濃川と利根川では, どちらのほうが(より)長いですか。

➡ ＿＿＿＿ is ＿＿＿＿, the Shinano river ＿＿＿＿ the Tone river?

「どれが最も〜」の文

3つ以上のものを比べて「どれが最も〜」とたずねるときは, 〈Which 〜 the + 最上級 + in[of]...?〉の語順。

どれが日本で最も高い山ですか。

3 ＿＿＿＿ is ＿＿＿＿ mountain ＿＿＿＿ Japan?

■日本文を英語になおしましょう。

この街で最も人気のある場所はどこですか。

➡ _____ is _____ _____ _____ place _____ this city?

           └---- 長い単語の最上級はthe most ～

memo
「この街でどの場所が最も人気がありますか。」という場合は，Which place is the most popular in this city?

「最も～な…のひとつ」の文

「最も～な…のひとつ」は〈one of the + 最上級 + 名詞の複数形〉で表す。

ケンは世界で最も人気のある歌手のひとりです。

Ken is ____ ____ ____ most popular _____ in the world.

■日本文を英語になおしましょう。

これは日本で最も高い建物のひとつです。

➡ This is _____ _____ _____ tallest _____ in Japan.

確認問題

(1) 日本文を英語になおしましょう。
私のイヌとあなたのイヌでは，どちらが大きいですか。

➡ _____ , my dog _____ yours?

(2) 「彼はこの学校の中で最も速い走者のひとりです。」という意味になるように，
( )内の語句を並べかえましょう。
(is / in this school / one / runners / the / he / fastest / of).

➡ _____ .

(3) 「最も～な…のひとつ」という言い方になるように書きかえましょう。
This is the most beautiful flowers in the world.

➡ _____ .

5　as ～ as ... 「…と同じくらい～」

音声 をききながら＿＿をうめよう!

I am **as** tall **as** you.

私はあなたと<u>同じくらいの背の高さ</u>です。

I am **not as** tall **as** you.

私はあなた<u>ほど背が高くありません</u>。

Point! 2つのものを比べて「同じくらい～」というときは，〈as ～ as〉で表す。「～」には比較級や最上級ではなく，原級（形容詞・副詞のもとの形）を入れる。

「…と同じくらい～」の文

2つのものを比べて「…と同じくらい～」と言うときは，〈as + 原級 + as ...〉で表す。

あの家は私の家と同じくらいの広さです。

 That house is ＿＿＿＿＿　＿＿＿＿＿　＿＿＿＿＿ my house.

■日本文を英語になおしましょう。

彼は彼女と同じくらい若いです。

➡ He is ＿＿＿＿＿　＿＿＿＿＿　＿＿＿＿＿ she.

> memo
> 「同じくらいの歳」というときは，as old asを使う。

私は姉と同じくらい上手に卓球をします。

➡ I play table tennis ＿＿＿＿＿　＿＿＿＿＿　＿＿＿＿＿ my sister.

■ （　　　）内の指示にしたがって書きかえましょう。

Mr. Smith runs fast. （「私の兄と同じくらい」という文に）

➡ Mr. Smith runs ＿＿＿＿＿＿＿＿＿＿＿＿＿＿＿＿＿＿ .

I get up early every day. （「祖父と同じくらい」という文に）

➡ I get up ＿＿＿＿＿＿＿＿＿＿＿＿＿＿＿＿ every day.

as ～ as の否定文

2つのものを比べて「…ほど～ではない」と言うときは，〈not as ＋ 原級 ＋ as …〉で表す。

この家は私の家ほど広くありません。

 This house is ＿＿＿＿ ＿＿＿＿ ＿＿＿＿ ＿＿＿＿ my house.

■日本文を英語になおしましょう。

彼は彼女ほど若くありません。

➡ He is ＿＿＿＿ ＿＿＿＿ ＿＿＿＿ she.

私の車はあなたの車ほど大きくありません。

➡ My car is ＿＿＿＿ ＿＿＿＿ ＿＿＿＿ yours.

> **memo**
> 〈not as ＋ 原級 ＋ as〉は，比較級の文に書きかえることができる。
> This house is not as large as my house.（この家は私の家ほど広くありません。）
> = My house is larger than this house.（私の家はこの家よりも大きいです。）
> = This house is smaller than my house.（この家は私の家よりも小さいです。）

確認問題

(1) 日本文を英語になおしましょう。
サッカーは野球と同じくらいおもしろいです。

➡ ＿＿＿＿＿＿＿＿＿＿＿＿＿＿＿＿＿＿

(2) 「彼のコンピューターは彼女のほど新しくありません。」という意味になるように，（　　）内の語句を並べかえましょう。

(as / computer / hers / new / as / his / isn't).

➡ ＿＿＿＿＿＿＿＿＿＿＿＿＿＿＿＿ .

(3) (2)の英文を，old を用いた比較級の文で書きかえましょう。

➡ His computer ＿＿＿＿＿＿＿＿＿＿＿＿＿＿＿

6 比較表現のまとめ

音声
をききながら
＿＿をうめよう！

taller than ～

～より（背が）高い

the tallest of / in ～

～の中で最も（背が）高い

as tall as

同じくらい（背が）高い

Point! 比較級は -er, 最上級は -est の形が基本。

つづりの長い形容詞・副詞の場合は, その語の前に more や most がつく。

「同じくらい」と言うときは, 〈as + 原級 + as〉を使う。

比較級・最上級のまとめ

比較表現「…よりも～」は, 〈形容詞・副詞の比較級 + than …〉を使って表す。比較級には語尾に er をつける形のほか, 形容詞や副詞の前に more を置く形がある。

「…の中で最も～」は, 〈the + 最上級 + of / in …〉の形になる。最上級には語尾に est をつける形のほか, 形容詞や副詞の前に most を置く形がある。

彼は私よりも背が高いです。

1🔊 He is ＿＿＿＿＿＿＿ ＿＿＿＿＿＿ me.

この本はあの本よりもおもしろいです。

2🔊 This book is ＿＿＿＿ ＿＿＿＿ ＿＿＿＿ that one.

この映画は３つの中で最もわくわくします。

3🔊 This movie is ＿＿＿ ＿＿＿ ＿＿＿ ＿＿＿ the three.

■日本文を英語になおしましょう。

彼女はトムより注意深く車を運転します。

➡ She drives a car ＿＿＿＿＿＿ ＿＿＿＿＿＿ Tom.

このクラスの中で誰がいちばん速く走りますか。

➡ Who ＿＿＿＿＿＿＿＿＿＿＿＿＿＿ this class?

「…と同じくらい〜」のまとめ

「…と同じくらい〜」は，形容詞や副詞のそのままの形（原級）を使って，

〈as ＋ 原級 ＋ as〉で表す。

彼女は私の妹と同じくらい若いです。

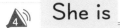 She is ＿＿＿＿＿ ＿＿＿＿＿＿＿＿＿ ＿＿＿＿＿ my sister.

■日本文を英語になおしましょう。

彼らは私のいとこと同じくらい速く泳ぎます。

➡ They swim ＿＿＿＿＿＿＿＿＿＿＿＿＿ my cousin.

彼女の部屋は彼の部屋ほど広くありません。

➡ Her room ＿＿＿＿＿＿ ＿＿＿＿＿＿ ＿＿＿＿＿＿ his.

memo

比較表現	比較級	最上級	…と同じくらい〜
意味	…よりも〜	…の中で最も〜	…と同じくらい〜 （否定文）…ほど〜ではない
形容詞・副詞の形	・er をつける ・前に more を置く ・特殊変化する	・the ＋ est をつける ・前に most を置く ・特殊変化する	as 原級 as …

確認問題

(1) 日本文を英語になおしましょう。

①あなたはアンナ（Anna）ほど早く起きません。

➡ You ＿＿＿＿＿ get up ＿＿＿＿＿＿＿＿＿＿＿ Anna.

②経験はお金より役に立ちます。

➡ Experiences are ＿＿＿＿＿＿＿＿＿＿＿＿＿＿＿ money.

(2) 「彼女は本より映画のほうが好きですか。」という意味になるように，（　　）内の語句を並べかえましょう。

(she / than / books / better / movies / like / does)?

➡ ＿＿＿＿＿＿＿＿＿＿＿＿＿＿＿＿＿＿＿＿＿＿＿＿ ?

1 「〜されます」

> 主語…ある行為をされる側（こうい）
>
> The movie is watched in Japan.
>
> be動詞 + 過去分詞＝「〜される」
>
> その映画は日本で見られています。

Point! 「〜される」というように，主語がほかの誰（だれ）かから

何かをされる様子を表現する文を受け身と呼ぶ。

受け身の文は，〈be動詞 + 動詞の過去分詞〉で表す。

受け身の文

「〜される」という意味の受け身の文は，〈be動詞 + 動詞の過去分詞〉で表す。

毎月この部屋は掃除（そうじ）されます。

 This room ＿＿＿＿＿ ＿＿＿＿＿＿＿＿ every month.

■ （　　　）に過去分詞を書きましょう。

原級	-	過去形	-	過去分詞	原級	-	過去形	-	過去分詞
watch（見る）	-	watched	-	(　　　)	use（使う）	-	used	-	(　　　)
build（建てる）	-	built	-	(　　　)	see（見る）	-	saw	-	(　　　)
eat（食べる）	-	ate	-	(　　　)	break（壊す）（こわ）	-	broke	-	(　　　)
know（知る）	-	knew	-	(　　　)	write（書く）	-	wrote	-	(　　　)

■日本文を英語になおしましょう。

このコンピューターは毎週使われます。

➡ This computer ＿＿＿＿ ＿＿＿＿＿ every week.

その俳優は世界中で知られています。

➡ The actor ＿＿＿＿ ＿＿＿＿＿ all over the world.

memo

現在形の受け身の形

主語	be動詞	過去分詞
I	am	-ed など
三人称単数	is	
you や複数	are	

70

受け身の過去の文

過去のことを受け身で表すときは，be動詞を過去形にする。

その皿は壊れていました。

The plate ＿＿＿＿＿＿ ＿＿＿＿＿＿ .

■日本文を英語になおしましょう。

その家は 1900 年に建てられました。

➡ The house ＿＿＿＿＿＿ ＿＿＿＿＿＿ in 1900.

└‑‑‑‑be動詞の過去形が入る

それらの物語は昨年書かれました。

➡ These stories ＿＿＿＿＿＿ ＿＿＿＿＿＿ last year.

memo

過去形の受け身の形

主語	be動詞	過去分詞
I	was	-ed など
三人称単数	was	
you や複数	were	

■過去の受け身の文になおしましょう

The food is eaten in Japan.

➡ ＿＿＿＿＿＿＿＿＿＿＿＿＿＿＿＿＿ .

（確認問題）

(1) 日本文を英語になおしましょう。

そのお店では，ケーキは毎日作られています。

➡ The cakes ＿＿＿＿＿＿＿＿＿＿＿ at the store every day.

(2) 「～されました」という過去の文に書きかえましょう。

The game is played.

➡ ＿＿＿＿＿＿＿＿＿＿＿

(3) 「英語はアメリカで話されています。」という意味になるように，（　　）内の
語句を並べかえましょう。

(America / is / in / English / spoken).

➡ ＿＿＿＿＿＿＿＿＿＿＿＿＿＿ .

2 「〜されません」

主語…ある行為をされる側

That singer is not known in Japan.

be動詞 + not + 過去分詞 ＝「〜されません」

あの歌手は日本では知られていません。

Point! 受け身の否定文では be動詞のあとに not を置く。

受け身の否定文

受け身の否定文は〈be動詞 + not + 過去分詞〉を使って表す。

彼女はそのパーティーに招待されていません。

1 She ＿＿＿＿ ＿＿＿＿ ＿＿＿＿＿＿＿ to the party.

これらの話はこのクラスの中で知られていません。

2 These stories ＿＿＿＿ ＿＿＿＿ ＿＿＿＿＿ in this class.

■日本文を英語になおしましょう。

その本は昨日，見つけられませんでした。

➡ The book ＿＿＿＿ ＿＿＿＿ ＿＿＿＿＿＿ yesterday.

その教室は今日，掃除をされていません。

➡ The classroom ＿＿＿＿ ＿＿＿＿ ＿＿＿＿＿ today.

■否定文になおしましょう。

His name was called at the station.

➡ ＿＿＿＿＿＿＿＿＿＿＿＿＿＿＿＿＿＿＿＿＿＿＿

The apples were eaten yesterday.

➡ ＿＿＿＿＿＿＿＿＿＿＿＿＿＿＿＿＿＿＿＿＿＿＿

72

短縮形を使った受け身の文

〈be動詞 ＋ not〉は，be動詞の否定文と同様に次のように短縮形にできる。

彼女はそのパーティーに招待されていません。

3 She _____ _____ to the party.

これらの話はこのクラスの中で知られていません。

4 These stories _____ _____ in this class.

■日本文を英語になおしましょう。

> am notの短縮形
> はないよ。

日本語はこの学校で教えられていません。

➡ Japanese _____ _____ at this school.

あれらの本は先月読まれませんでした。

➡ Those books _____ _____ last month.

昨夜，あの星は見られませんでした。

➡ That star _____ _____ last night.

memo

〈be動詞 ＋ not〉の短縮形

is not　➡　isn't
are not　➡　aren't
was not　➡　wasn't
were not　➡　weren't

確認問題

(1) 日本文を英語になおしましょう。

その映画はイギリスで知られていません。

➡ The movie _____ in the U.K.

(2) 日本文に合うように，（　　）内の語句を並べかえましょう。

①昨日，その質問は答えられませんでした。

（ answered / yesterday / not / was / the question ）.

➡ _____ .

②英語はこの国で話されていません。

（ this country / isn't / in / English / spoken ）.

➡ _____ .

3 「〜されますか」

音声をききながら＿＿をうめよう！

主語…「〜される」（受け身）の対象

Is the writer known abroad?

be動詞 + 主語 + 過去分詞＝〜されますか

その作家は海外で知られていますか。

Point! 「〜されますか」という受け身の疑問文は，be動詞を主語の前に置く。

受け身の疑問文

「〜されますか」という受け身の疑問文は，〈be動詞 + 主語 + 過去分詞〉の語順。
疑問文に答えるときも，be動詞を使う。

この食べ物は日本で食べられていますか。

1 ＿＿＿＿＿ this food ＿＿＿＿＿＿ in Japan?

— はい，食べられています。／いいえ，食べられていません。

2 — Yes, it ＿＿＿＿ ． / No, it ＿＿＿＿ not.

このケーキは今朝作られましたか。

3 ＿＿＿＿＿＿ this cake ＿＿＿＿＿ this morning?

— はい，作られました。／いいえ，作られませんでした。

4 — Yes, it ＿＿＿＿ ． / No, it ＿＿＿＿ not.

■日本文を英語になおしましょう。

彼らの名前は呼ばれましたか。

➡ ＿＿＿＿＿＿＿ their names ＿＿＿＿＿＿＿ ?

— いいえ，呼ばれていません。

➡ — No, they ＿＿＿＿＿＿＿ ．

あなたのスマホは昨日修理されましたか。

➡ ＿＿＿＿＿＿ your smartphone ＿＿＿＿＿＿＿＿＿ yesterday?

— はい，修理されました。

➡ — Yes, it ＿＿＿＿ ．

memo
受け身の疑問文では，
doやdoes，didは使わず，
必ずbe動詞を使う。

疑問詞を含む受け身の疑問文

疑問詞を含む受け身の疑問文は，be動詞の前に疑問詞を置く。

疑問詞のある疑問文には，たずねられたことを具体的に答える。

(5) ここでは何が作られていますか。

_____ _____ _____ here?

(6) この国では何のフルーツが食べられていますか。

_____ fruit _____ _____ in this country?

■日本文を英語になおしましょう。

カナダでは何の言語が話されていますか。

➡ _____ _____ _____ _____ in Canada?

> **memo**
> 「何の〜」という場合は，〈What＋名詞〉をbe動詞の前に置く。

確認問題

(1) 疑問文に書きかえ，「はい」と「いいえ」で答えましょう。

This picture was drawn last year.

➡ _____

—— Yes, _____ . / No, _____ .

(2) 日本文を英語になおしましょう。

このケーキには何が使われていますか。

➡ _____ in this cake?

(3) 「これらの写真は先週撮られましたか。」という意味になるように，（　　）内
の語句を並べかえましょう。

(these / last / taken / pictures / were / week)?

➡ _____ ?

4 by 〜「〜によって」

音声をききながら____をうめよう！

主語…ある行為をされる側　　　　　by 〜…ある行為をする側

The soccer player is known by many people.

by 〜 = 〜によって

そのサッカー選手は多くの人々に<u>よって知られています</u>。

Point! 受け身の文に〈by 〜〉を置き，「〜によって」という意味を
加えることができる。

「〜によって…される」という意味の受け身の文

〈be動詞 + 過去分詞〉のあとに〈by 〜〉を置いて，「〜によって」という意味を加えることができる。

そのケーキはトムによって作られました。

 The cake was made _____ Tom.

■日本文を英語になおしましょう。

そのカップはケンによって壊されました。

➡ The cup _____ _____ _____ Ken.

その傘は彼に持っていかれました。

➡ The umbrella _____ _____ _____ him.

■日本文に合うように，（　　）内の語句を並べかえましょう。

その国はたくさんの人々に知られていますか。

Is the country (many / by / people / known)?

➡ Is the country _____ ?

そのビルは彼らによって建てられませんでした。

The building (them / not / by / built / was).

➡ The building _____ .

ふつうの文から受け身の文への書きかえ

ふつうの文から受け身の文に書きかえる手順は以下の通り。

①もとの文の目的語を主語にする。

②動詞を〈be動詞＋過去分詞〉にする。

③もとの文の主語を by 以下に続ける。

> もとの文の目的語が，受け身の文の主語になるんだね。

たくさんの人々が東京を訪れます。

Many people visit Tokyo.

東京はたくさんの人々によって訪れられます。

 Tokyo ＿＿＿＿ ＿＿＿＿＿＿ ＿＿＿＿＿ many people.

■「〜される（された）」という受け身の文に書きかえましょう。

My mother made dinner yesterday.

➡ Dinner ＿＿＿＿ ＿＿＿＿＿＿ ＿＿＿＿ my mother yesterday.

Did the children enjoy the Christmas party?

➡ ＿＿＿＿ the Christmas party ＿＿＿＿＿＿ ＿＿＿＿ the children?

確認問題

(1) 日本文を英語になおしましょう。
このボールは彼女_{かのじょ}によって見つけられました。

➡ This ball ＿＿＿＿＿＿＿＿＿＿＿＿ .

(2) 受け身の文に書きかえましょう。
They watched the basketball game yesterday.

➡ ＿＿＿＿＿＿＿＿＿＿＿＿＿＿＿

(3) 「それらのバッグは彼によって運ばれませんでした。」という意味になるように，
（　　）内の語句を並べかえましょう。
(carried / him / by / those / weren't / bags).

➡ ＿＿＿＿＿＿＿＿＿＿＿＿＿ .

5 助動詞を含む受け身

音声
をききながら
___をうめよう!

主語…ある行為をされる側

The room must be cleaned every day.

must + be動詞 + 過去分詞 = 〜されなければならない

その部屋は毎日掃除されなければなりません。

> 助動詞をbe動詞の前に入れると,be動詞は原形になるよ。

Point! 受け身の文には, can, must, will などの助動詞を使うこともできる。

助動詞を含む受け身の文

助動詞を含む受け身の文は,〈助動詞 + be + 過去分詞〉の語順。

たくさんの星がここから見られます。

① Many stars ＿＿＿＿ ＿＿＿＿ ＿＿＿＿ from here.

この宿題は明日までに終わらせなければなりません。

② This homework ＿＿＿＿ ＿＿＿＿ ＿＿＿＿ by tomorrow.

■日本文を英語になおしましょう。

その街はたくさんの観光客に訪れられるでしょう。

➡ The city ＿＿＿＿ ＿＿＿＿ ＿＿＿＿ by many tourists.

その部屋のドアは閉められなければなりません。

➡ The door of the room

＿＿＿＿＿＿＿＿＿＿＿＿＿ .

> **memo**
> 〈助動詞＋be＋過去分詞〉の文
> 〈can be＋過去分詞〉
> 　→「〜されることができる」
> 〈must be＋過去分詞〉
> 　→「〜されなければならない」
> 〈will be＋過去分詞〉
> 　→「〜されるだろう」

鳥は夜には見られません。

➡ Birds ＿＿＿＿＿＿＿＿＿＿＿

at night.

規則は守られるべきです。

➡ The rules ＿＿＿＿＿＿＿＿＿ .

> 否定文の作り方は,助動詞の否定文と同じだよ。

彼は病院へ連れて行かれるかもしれません。

➡ He ＿＿＿＿ ＿＿＿＿ ＿＿＿＿ to the hospital.

助動詞を含む受け身の疑問文

助動詞を含む受け身の疑問文では，〈助動詞 + 主語 + be + 過去分詞～?〉の語順。

今日の夕食はケンによって作られますか。　＝今日はケンが夕食を作りますか。

＿＿＿＿＿ ＿＿＿＿＿ ＿＿＿＿＿ ＿＿＿＿＿ by Ken today?

■日本文を英語になおしましょう。

その仕事は明日までに終わらせなければなりませんか。

➡ ＿＿＿＿ ＿＿＿＿ ＿＿＿＿＿ ＿＿＿＿＿ ＿＿＿＿＿ by tomorrow?

それらの本はあの部屋に移動されますか。

➡ ＿＿＿＿ ＿＿＿＿ ＿＿＿＿＿ ＿＿＿＿＿ ＿＿＿＿＿ into the room?

■疑問文に書きかえましょう。

The letters must be given to him.

➡ ＿＿＿＿＿＿＿＿＿＿＿＿＿＿＿＿＿＿＿＿＿

The famous painting can be seen in that museum.

➡ ＿＿＿＿＿＿＿＿＿＿＿＿＿＿＿＿＿＿＿＿＿

確認問題

(1) 日本文を英語になおしましょう。

①その映画は日本で見られますか。

➡ ＿＿＿＿＿＿＿＿＿＿＿＿＿＿＿＿＿ in Japan?

②あなたの名前はまもなく呼ばれるでしょう。

➡ Your name ＿＿＿＿＿＿＿＿＿＿＿ soon.

(2) 「彼の宿題は先生にチェックしてもらわなければなりません。」という意味になるように，（　　）内の語句を並べかえましょう。

(his teacher / be / his homework / checked / must / by).

➡ ＿＿＿＿＿＿＿＿＿＿＿＿＿＿＿＿＿＿＿ .

79

初版
第 1 刷　2023 年 6 月 1 日　　発行

●編　者
　　数研出版編集部
●カバー・表紙デザイン
　　株式会社クラップス

発行者　星野　泰也

ISBN978-4-410-15556-7

とにかく基礎　定期テスト準備ノート　中2英語

発行所　数研出版株式会社

本書の一部または全部を許可なく
複写・複製することおよび本書の
解説・解答書を無断で作成するこ
とを禁じます。

〒101-0052　東京都千代田区神田小川町 2 丁目 3 番地 3
　　　　　　〔振替〕00140-4-118431
〒604-0861　京都市中京区烏丸通竹屋町上る大倉町205番地
〔電話〕代表　(075)231-0161
ホームページ　https://www.chart.co.jp
印刷　創栄図書印刷株式会社
　　　乱丁本・落丁本はお取り替えいたします　230401

とにかく基礎
定期テスト
準備ノート
中2英語

解答編

1 一般動詞・be動詞と過去形 ········· 4・5ページの解答

be動詞

I am Chataro. 私はチャ太郎です。
I = Chataro（私 = チャ太郎）

 一般動詞

I like pie. 私はパイが好きです。
I ≠ pie（私 ≠ パイ）

イコールの関係　　イコールの関係ではない

Point! 動詞には，大きく分けてbe動詞と一般動詞がある。

be動詞の文

「～です」の意味を表すものをbe動詞と言い，〈am, is, are〉がある。

私は教師です。

⚠ I __am__ a teacher.

■日本文を英語になおしましょう。
彼は14歳です。

➡ He __is__ fourteen years old.
　　└主語Heに使うbe動詞が入る

一般動詞の文

「～します」など，主に動作を表す動詞を一般動詞と言い，
三人称単数が主語の一般動詞の文では，動詞をsで終わる形にする。

私はテニスが好きです。

⚠ I __like__ tennis.

■日本文を英語になおしましょう。

memo
I, you以外の単数のものを
三人称単数と呼ぶ。

私の母は，毎週日曜日にコーヒーを飲みます。

➡ My mother __drinks__ coffee on Sundays.
　　└主語my motherは三人称単数なので動詞にはsをつける

過去形の文

「～しました」と過去のことを表すときは，動詞を過去形にする。

「～でした」「～にいました」という文には，be動詞の過去形〈was, were〉を使う。

私は喉が渇いていました。

⚠ I __was__ thirsty.

私はテニスをしました。

⚠ I __played__ tennis.

■日本文を英語になおしましょう。

あなたは昨日家にいましたか。

➡ __Were__ you at home yesterday?

ユミは昨夜宿題をしました。

➡ Yumi __did__ her homework last night.
　　└doの過去形が入る

memo
一般動詞の過去形には，
規則動詞と不規則動詞が
ある。

私の姉は，先週の日曜日ジョンに会いませんでした。

➡ My sister __didn't__ __meet[see]__ John last Sunday.

確認問題

(1) 英文を日本語になおしましょう。
She is in the park now. ➡ 彼女は今公園にいます。

(2) 「～しました」という文に書きかえましょう。
I buy apples. ➡ I __bought__ apples.

(3) 「あなたのお兄さんはサッカーが好きですか。」という意味になるように，
（　）内の語句を並べかえましょう。
(like / does / brother / soccer / your)?
➡ __Does your brother like soccer__ ?

2 疑問詞 ················ 6・7ページの解答

what「何」　　who「誰」　　how「どのように」

which「どれ」　whose「誰の」　when「いつ」　where「どこ」

Point! 疑問詞には，what「何」，who「誰」，which「どれ」，whose「誰の」，
when「いつ」，where「どこ」，how「どのように」などがある。

疑問詞の文

「何？」「誰？」「どのように？」とたずねる疑問文では，疑問詞を文頭に置く。

あなたの名前は何ですか。

⚠ __What__ is your name?

彼は誰ですか。

⚠ __Who__ is he?

どうやってあなたは勉強しますか。

⚠ __How__ do you study?

■日本文を英語になおしましょう。

どれが彼女の車ですか。

➡ __Which__ is her car?

あなたはいつ京都を訪れましたか。

➡ __When__ did you visit Kyoto?

あなたはどこへ行きますか。

➡ __Where__ do you go?

〈疑問詞＋名詞〉，〈How＋形容詞〉の文

「何の～」「誰の～」「どの～」などは，〈疑問詞＋名詞〉で表す。

「どれくらいの～」などは，〈How＋形容詞〉で表す。

リサは何のスポーツが好きですか。

⚠ __What__ __sport__ does Lisa like?

あの船はどれくらいの長さですか。

⚠ __How__ __long__ is that ship?

■日本文を英語になおしましょう。

どの問題も，
1つ目の空欄には
疑問詞が入るよ。

どの車が彼女のものですか。

➡ __Which__ __car__ is hers?

あれらは誰のノートですか。

➡ __Whose__ __notebooks__ are those?

あなたには何人姉妹がいますか。

memo
「いくつの～」は
〈How many＋名詞の
複数形〉

➡ __How__ __many__ __sisters__ do you have?

確認問題

(1) 下線部を問う疑問文を英語で書きましょう。
My father goes to work by train.
➡ __How does your father go to work?__

(2) 「彼らは誰の両親ですか。」という意味になるように，（　）内の語句を並べ
かえましょう。
(are / parents / whose / they)?
➡ __Whose parents are they__ ?

(3) 下線部を問う疑問文を英語で書きましょう。
I left home at ten.
➡ __What time did you leave home?__

1 be going to ～「～するつもりです」「～するつもりはありません」… 8・9 ページの解答

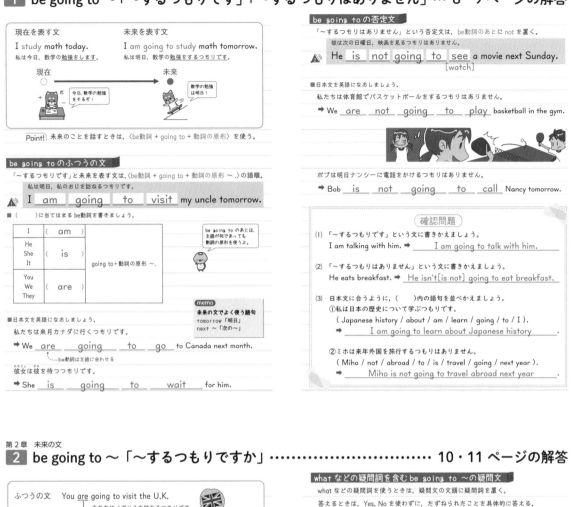

be going to のふつうの文

「～するつもりです」と未来を表す文は、〈be動詞 + going to + 動詞の原形 ～.〉の語順。

私は明日、私のおじを訪ねるつもりです。

⚠ I　am　going　to　visit　my uncle tomorrow.

■（　）に当てはまる be 動詞を書きましょう。

I	（ am ）	
He She It	（ is ）	going to+動詞の原形 ～.
You We They	（ are ）	

be going to のあとは、主語が何であっても動詞の原形を使うよ。

memo
未来の文でよく使う語句
tomorrow「明日」
next ～「次の～」

■日本文を英語になおしましょう。

私たちは来月カナダに行くつもりです。

➡ We　are　going　to　go　to Canada next month.
　　　　be動詞は主語に合わせる

彼女は彼を待つつもりです。

➡ She　is　going　to　wait　for him.

be going to の否定文

「～するつもりはありません」という否定文は、be動詞のあとに not を置く。

彼は次の日曜日、映画を見るつもりはありません。

⚠ He　is　not　going　to　see a movie next Sunday.
　　　　　　　　　　　　[watch]

■日本文を英語になおしましょう。

私たちは体育館でバスケットボールをするつもりはありません。

➡ We　are　not　going　to　play basketball in the gym.

ボブは明日ナンシーに電話をかけるつもりはありません。

➡ Bob　is　not　going　to　call Nancy tomorrow.

確認問題

(1) 「～するつもりです」という文に書きかえましょう。
I am talking with him. ➡ 　I am going to talk with him.

(2) 「～するつもりはありません」という文に書きかえましょう。
He eats breakfast. ➡ 　He isn't[is not] going to eat breakfast.

(3) 日本文に合うように、（　）内の語句を並べかえましょう。
①私は日本の歴史について学ぶつもりです。
(Japanese history / about / am / learn / going / to / I).
➡ 　I am going to learn about Japanese history
②ミホは来年外国を旅行するつもりはありません。
(Miho / not / abroad / to / is / travel / going / next year).
➡ 　Miho is not going to travel abroad next year

---

2 be going to ～「～するつもりですか」……………………… 10・11 ページの解答

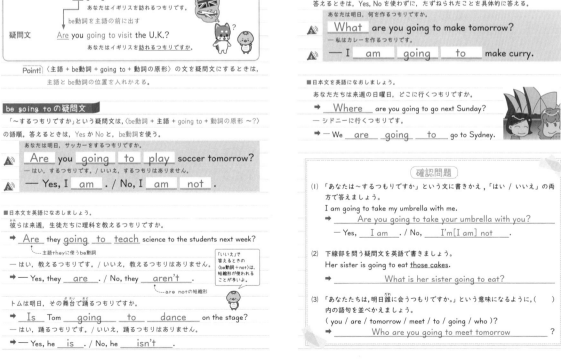

be going to の疑問文

「～するつもりですか」という疑問文は、〈be動詞 + 主語 + going to + 動詞の原形 ～?〉の語順。答えるときは、Yes か No と be動詞を使う。

あなたは明日、サッカーをするつもりですか。

⚠ Are　you　going　to　play　soccer tomorrow?

— はい、するつもりです。/ いいえ、するつもりはありません。

⚠ — Yes, I　am　. / No, I　am　not　.

■日本文を英語になおしましょう。

彼らは来週、生徒たちに理科を教えるつもりですか。

➡ Are　they　going　to　teach　science to the students next week?
　　　主語theyに合う be動詞

— はい、教えるつもりです。/ いいえ、教えるつもりはありません。

➡ — Yes, they　are　. / No, they　aren't　.
　　　　　　　　　　　　　　　　　　　are notの短縮形

トムは明日、その舞台で踊るつもりですか。

➡ Is　Tom　going　to　dance　on the stage?

— はい、踊るつもりです。/ いいえ、踊るつもりはありません。

➡ — Yes, he　is　. / No, he　isn't　.

what などの疑問詞を含む be going to ～の疑問文

what などの疑問詞を使うときは、疑問文の文頭に疑問詞を置く。

答えるときは、Yes, No を使わずに、たずねられたことを具体的に答える。

あなたは明日、何を作るつもりですか。

⚠ What　are you going to make tomorrow?

— 私はカレーを作るつもりです。

⚠ — I　am　going　to　make curry.

■日本文を英語になおしましょう。

あなたたちは来週の日曜日、どこに行くつもりですか。

➡ Where　are you going to go next Sunday?

— シドニーに行くつもりです。

➡ — We　are　going　to　go to Sydney.

確認問題

(1) 「あなたは～するつもりですか」という文に書きかえ、「はい / いいえ」の両方で答えましょう。
I am going to take my umbrella with me.
➡ 　Are you going to take your umbrella with you?
— Yes, 　I am　. / No, 　I'm[I am] not　.

(2) 下線部を問う疑問文を英語で書きましょう。
Her sister is going to eat those cakes.
➡ 　What is her sister going to eat?

(3) 「あなたたちは、明日誰に会うつもりですか。」という意味になるように、（　）内の語句を並べかえましょう。
(you / are / tomorrow / meet / to / going / who)?
➡ 　Who are you going to meet tomorrow　?

3 will「〜するでしょう」「〜しないでしょう」 …………………… 12・13ページの解答

現在 I go to school by bus.
私はバスで学校へ行きます。
> いつもバス通学だよ。

未来 I will go to school by bus.
私はバスで学校へ行くでしょう。
> 明日はバスで行くつもり。

Point! 未来のことを話すときは、will を使って表すこともできる。

will のふつうの文

「〜するでしょう」と未来を表す文は、〈主語＋will＋動詞の原形 〜.〉の語順。

私は明日、買い物に行くでしょう。

I __will__ __go__ shopping tomorrow.

■日本文を英語になおしましょう。

私は今日の午後、机を動かす（運ぶ）でしょう。

➡ __I'll__ __move__ my desk this afternoon.
└ I will の短縮形

memo
〈主語＋will〉の短縮形
I will → I'll
You will → You'll
He will → He'll
She will → She'll
It will → It'll

彼女は来月、彼女のお兄さんに手紙を書くでしょう。

➡ She __will__ __write__ a letter to her brother next month.

私の友達は来年、歯医者になるでしょう。

➡ My friend __will__ __become[be]__ a dentist next year.

■「〜するでしょう」という文に書きかえましょう。

You use the computer for your homework.
➡ You will[You'll] use the computer for your homework.
My aunt enjoys her trip to Tokyo.
➡ __My aunt will enjoy her trip to Tokyo.__
└ 動詞は原形に戻すことを忘れないように

will の否定文

「〜しないでしょう」という否定文は、will のあとに not を置く。

私は明日、野球をしないでしょう。

I __will__ __not__ __play__ baseball tomorrow.

私たちは買い物に行かないでしょう。

We __won't__ __go__ shopping.

■日本文を英語になおしましょう。

来週は、雪は降らないでしょう。

➡ It __will__ __not__ __snow__ next week.

あなたは明日忙しくないでしょう。

➡ You __won't__ __be__ busy tomorrow.
└ 助動詞のあとはbe動詞も原形

memo
will not の短縮形はwon't。

確認問題

(1) 「〜しないでしょう」という文に書きかえましょう。
① I will run in the park tomorrow morning.
➡ __I won't[will not] run in the park tomorrow morning.__

② They aren't tired after the tennis lesson.
➡ __They won't[will not] be tired after the tennis lesson.__

(2) 日本文に合うように、（ ）内の語句を並べかえましょう。
①彼は来週の月曜日、日本にいないでしょう。
(will / in / he / not / Japan / be) next Monday.
➡ __He will not be in Japan__ next Monday.

②あなたは明日、駅で彼を待つでしょう。
(wait / the station / him / you / for / at / will) tomorrow.
➡ __You will wait for him at the station__ tomorrow.

解説 ① be going to と will の違い

be going to 〜 → 「〜するつもりだ」
助動詞 will → 未来「〜でしょう，〜だろう」
　　　　　　意志「〜するつもりだ」

　be going to 〜と will は，どちらも「〜するつもりだ」という意味がありますが，この2つの違いは何でしょうか。それは，「前もって考えていたこと」なのか，「いま思いついたこと」なのか，という点です。

▶ be going to
　「前もって考えていたこと」を表すときに使われる表現です。
例：Tomo and Suzu are going to visit Tokyo.
　　トモとスズは東京を訪れるつもりです。
　この場合，トモとスズは東京を訪れることを前もって計画していて，それを話し手は知っています。

▶ will
　「いま思いついたこと」を表すときに使われる表現です。
例：The phone is ringing. I'll get it.
　　電話が鳴っています。私がとりましょう。
　この場合，いま電話が鳴ったから，この人は電話をとろうと思ったのです。こうした場面では，次のように表現することはできません。
The phone is ringing. I'm going to get it.
電話が鳴っています。私はそれ（電話）をとるつもりです。
　なぜなら，話し手が電話をとることを「前もって考えていた」わけではないからです。
　ちなみに，if「もし〜ならば」の文でも be going to を使うことはありません。
○ If it rains, I will watch the movie at home.
×　　　　　　　am going to
　もし雨が降ったら，私は家で映画を見ます。

4 will「〜しますか」「〜するでしょうか」·····························14・15ページの解答

ふつうの文
I will go to school by bus.
私はバスで学校へ行くでしょう。
明日はバスで行くつもり。

疑問文
Will you go to school by bus?
あなたはバスで学校へ行きますか。
きみは明日バスで行くの？

Point! will の文を疑問文にするときは、主語と will の位置を入れかえる。

will の疑問文

「〜しますか」「〜するでしょうか」という疑問文は〈Will + 主語 + 動詞の原形 〜?〉の語順。答えるときは、Yes か No と will を使って答える。

あなたは今日、図書館へ行きますか。

⚠ __Will__ you __go__ to the library today?
　— はい、行きます。／ いいえ、行きません。

⚠ — Yes, I __will__. / No, I __won't__.

■日本文を英語になおしましょう。
このシャツを試してみますか。

➡ __Will__ you __try__ this shirt?
　— はい、試してみます。／ いいえ、試してみません。

memo
will not の短縮形は won't。

➡ — Yes, I __will__. / No, I __won't__.
彼女は明日、おばあさんを訪ねますか。

➡ __Will__ she __visit__ her grandmother tomorrow?
　— はい、訪ねます。／ いいえ、訪ねません。

➡ — Yes, she __will__. / No, she __won't__.

疑問詞を含む will の疑問文

what などの疑問詞を使うときは、疑問文の文頭に疑問詞を置く。答えるときは、Yes や No は使わずに、たずねられたことを具体的に答える。

あなたは明日、どこへ行きますか。

⚠ __Where__ will you go tomorrow?
　— 私は明日、公園へ行きます。

⚠ — I __will__ __go__ to the park tomorrow.

■日本文を英語になおしましょう。
あなたのお父さんは来月、スペインにどうやって行きますか。

➡ __How__ will your father go to Spain next month?
　— 彼は飛行機で行きます。

➡ — He will go there __by__ __plane[airplane]__.
彼はいつその曲を聞きますか。

➡ __When__ will he listen to that song?

確認問題

(1) 「〜しますか」という文に書きかえましょう。
They will watch the soccer game tomorrow.
➡ __Will they watch the soccer game tomorrow?__

(2) ____に当てはまる語句を書きましょう。
__What time will__ __you__ __arrive__ at Tokyo Station?
　— I will arrive there at 10:30.

(3) 「誰が明日彼と話すのでしょうか。」という意味になるように、（　　）内の語句を並べかえましょう。
(to / him / who / talk / will) tomorrow?
➡ __Who will talk to him__ tomorrow?

解説 ② 助動詞 can, may, will

　助動詞 can, may, will の意味をまとめて確認しておきましょう。

▶ can
【能力・可能】〜することができる
　Miki can make ice cream.
　ミキはアイスクリームを作ることができます。
【依頼】〜してくれますか
　Can you open the window?
　窓を開けてくれますか。
【可能性】〜することがありえる
　It can be above 35℃ in summer.
　夏には35度を超えることがあります。
【許可】〜してもいいですか
　Can I play the guitar?
　ギターを弾いてもいいですか。

▶ may
【許可】〜してもよい
　① You may go home right away.
　　あなたはすぐに家に帰っていいです。
　② May I ask you a question?
　　あなたに質問してもいいですか。
【推量】〜かもしれない、〜だろう
　The movie may be scary.
　その映画はこわいかもしれない。

▶ will
【未来】〜でしょう、〜だろう
　You will meet my sister tomorrow.
　あなたは明日、私の姉［妹］に会うでしょう。
【意志】〜するつもりだ
　I will read that book this weekend.
　私は今週末、その本を読むつもりです。

それぞれを使い分けられるようにしましょう。

第3章 文型

1 SVOO ······ 16・17 ページの解答

$$\text{SVOO} = \boxed{主語} + \boxed{動詞} + \boxed{人} + \boxed{もの}$$
Subject Verb Object Object

〔人〕には、人の名前や人を表す代名詞が入るよ。

I gave him a present.
私は彼にプレゼントをあげました。

| me | you | him | her | us | them |

Point! O（目的語）が2つあるときは、「〜に」にあたる語を先に、「〜を」にあたる語をあとに置く。

SVOO の文

「（人）に（もの）を〜する」という文は、〈主語＋動詞＋人＋もの〉の語順。

「人」が代名詞のときは、目的格（me, him, her など）の形にする。

私は彼にノートをあげました。

I gave __him__ __a__ __notebook__ .

■日本文を英語になおしましょう。

彼は私に写真を見せました。

→ He showed __me__ __a__ __picture__ .

> **memo**
> 〈動詞＋人＋もの〉でよく使う動詞
> give, show, teach, buy, make など。

SVO への書きかえ

「（人）に（もの）を〜する」という文は、〈主語＋動詞＋もの＋to[for]＋人〉の語順でも表せる。

私は彼にノートをあげました。

I gave __a__ __notebook__ __to__ __him__ .

■日本文を英語になおしましょう。

彼は私に写真を見せました。

→ He showed __a__ __picture__ __to__ __me__ .

> 前の例文と語順を比べてみよう。

「to＋人」と「for＋人」の区別

to を使う動詞には、teach, give, show などが、for を使う動詞には、make, buy などがある。

私はこの絵を彼に見せました。

I showed this picture __to__ him.

彼女はドレスを私に作りました。

She made a dress __for__ me.

■日本文を英語になおしましょう。

あなたは彼にプレゼントを買いましたか。

→ Did you buy a present __for__ him?

私の父は生徒に英語を教えています。

→ My father teaches English __to__ his students.

確認問題

(1) 「彼女はあなたにケーキをあげるでしょう。」という意味になるように、＿＿＿に当てはまる語句を書きましょう。ただし、SVOO の文型とする。
She will give __you a cake[you cakes]__ .

(2) 上の英文と意味が同じになるように＿＿＿に当てはまる語句を書きましょう。
① His grandmother showed him a map.
→ His grandmother showed __a map to him__ .

② They bought their mother a flower.
→ They bought __a flower for their mother__ .

(3) 「私は家族にサラダを作りました。」という意味になるように、（ ）内の語句を並べかえましょう。
(family / I / a salad / made / for / my).
→ __I made a salad for my family__ .

第3章 文型

2 SVOC（C ⇒ 名詞） ······ 18・19 ページの解答

イコールの関係

$$\text{SVOC} = \boxed{主語} + \boxed{動詞} + \boxed{人・もの} + \boxed{名詞}$$
Subject Verb Object Complement

They call him Chataro.
彼らは彼をチャ太郎と呼びます。

him（彼を）は、Chataro（チャ太郎）のことだね。

彼（を）＝ チャ太郎

Point! O（目的語）と C（補語）があるときは、O（目的語）→ C（補語）の順に並べる。

SVOC（C ⇒ 名詞）の文

SVOC の代表的な表現「（人・もの）を（名前など）と呼ぶ」という文は、〈主語＋call＋（人・もの）＋（名前など）.〉の語順。

私たちは彼をボブと呼びます。

We call __him__ __Bob__ .

私たちはそれを太陽の塔と呼びます。

We __call__ __it__ the Tower of the Sun.

■日本文を英語になおしましょう。

彼は彼のネコをタマ（Tama）と呼びます。

→ He calls __his__ __cat__ __Tama__ .

> 「〜を」という意味の目的語が入る

> **memo**
> 〈主語＋call＋人＋名詞〉で、「（主語）は（人）を（名詞）と呼ぶ」という意味。

SVOC（C ⇒ 名詞）の疑問文

〈主語＋call＋（人・もの）＋（名前など）.〉の疑問文は、〈Do[Does]＋主語＋call＋（人・もの）＋（名前など）?〉の語順。

あなたは彼をアレックスと呼びますか。

→ __Do__ __you__ call __him__ Alex?

■日本文を英語になおしましょう。

日本人はその鳥をキジと呼びますか。

→ __Do__ Japanese __call__ __the__ __bird__ kiji?

> このJapaneseは「日本人」という意味の複数形として使われているよ。

what を含む疑問文

「（人・もの）を何と呼びますか」という疑問文は、C（名詞）に当たる部分を取り、代わりに文頭に what を置く。

日本ではその花を何と呼びますか。

→ __What__ __do__ __you__ call __the__ __flower__ in Japan?

■日本文を英語になおしましょう。

あなたたちはその山を何と呼びますか。

→ __What__ __do__ __you__ call __the__ __mountain__ ?

■下線部を問う疑問文を英語で書きましょう。

He calls his dog Pochi.

→ __What__ __does__ __he__ __call__ his dog?

確認問題

(1) 日本文を英語になおしましょう。
①彼女はその友達をハナと呼びますか。
→ Does she call __that[the] friend Hana__ ?

②アメリカ人はそれを何と呼びますか。
→ __What do Americans call it?__

(2) 「人々はそのパンダをリンリンと呼びます。」という意味になるように、（ ）内の語句を並べかえましょう。
(call / Rinrin / the panda / people).
→ __People call the panda Rinrin__ .

6

第三文型〈SVO〉と第四文型〈SVOO〉の書きかえについて，見ていきましょう。

英文で動詞の目的語が1つなら第三文型〈SVO〉，2つなら第四文型〈SVOO〉です。

▶例1

① I will show my album to you.
   S   V   O

私はあなたに私のアルバムを見せましょう。

② I will show you my album.
   S   V   O   O

私はあなたに私のアルバムを見せましょう。

▶例2

① I bought a book for him.
  S   V   O

私は彼（かれ）のために本を買いました。

② I bought him a book.
  S   V   O   O

私は彼に本を買いました。

例1，例2の4つの例文から，

第三文型〈S + V + O（もの）+ to / for + 人〉

⇔ 第四文型〈S + V + O（人）+ O（もの）〉

という関係になることがわかりますね。

第三文型〈S + V + O（もの）+ to / for + 人〉の文で，〈人〉の前に to を使うのか for を使うのかは，どのように区別すればよいのでしょうか。この使い分けには，次のルールがあります。

▶〈to + 人〉と〈for + 人〉の使い分け

第三文型〈S + V + O〉の後ろに〈人〉を加えるとき，〈人〉の前に to を使うか for を使うかは，使う動詞によって決まります。

- 〈to + 人〉グループ
  give, pass, pay, read, sell, send, show
  teach, tell, write など
- 〈for + 人〉グループ
  buy, call, cook, find, get, make など

第4章 接続詞

1 when「～のとき」 ······························· 20・21 ページの解答

コンマを入れる
When his mother left home, he was watching a video.
英文1 　　　　　　　　　　英文2

コンマを入れない
= He was watching a video when his mother left home.
英文2 　　　　　　　　　　英文1

上と下の2つの文の意味は同じだよ。

彼のお母さんが家を出るとき，彼はビデオを見ていました。

Point! 接続詞 when を含む文が前半にくるときはコンマ（,）が必要。

when「～のとき」の文

単語と単語または文と文をつなぐはたらきをする言葉を接続詞という。

「～のとき」という文は，「時」を表す接続詞 when を用いて表す。

私が家に帰ったとき，私の母は忙しくしていました。
When I came home , my mother was busy.

私が学校に行ったとき，彼は数学の勉強をしていました。
He was studying math when I went to school .

■日本文を英語になおしましょう。

私が母に電話をかけたとき，彼女は車を運転していました。
➡ My mother was driving a car when I called her .
主語を代名詞に置きかえる

彼が彼女の家を訪れたとき，彼女は映画を見ていました。
➡ When he visited her house , she was watching a movie.

2つ目の問題は，コンマ（,）が入るところもあるよ。

when に続く文の時制

when に続く部分は，未来のことでも現在形で表す。

彼が日本に戻ってくるとき，私はプレゼントをあげるつもりです。
When he comes back to Japan, I will give him a present.

■日本文を英語になおしましょう。

私が病気のとき，彼が私のイヌの世話をしてくれるでしょう。
➡ He will take care of my dog when I am sick.

彼女が夕食を作るとき，私は彼女を手伝うつもりです。
➡ When she makes[cooks] dinner, I will help her.

■日本文に合うように，（　）内の語句を並べかえましょう。

彼が帰ってきたら，私に教えてください。

Please (when / me / home / tell / he / gets).
➡ Please tell me when he gets home .

確認問題

(1) 日本文を英語になおしましょう。

①私の同級生が私の名前を呼んだとき，私は英語の勉強をしていました。
➡ When my classmate called my name , I was studying English.

②あなたの先生が戻ってきたら，あなたは何をするつもりですか。
➡ What will you do when your teacher comes back ?

(2) 「あなたが5歳だったとき，あなたのお母さんはその学校で働いていました。」という意味になるように，（　）内の語句を並べかえましょう。
(five / worked / your mother / at / when / the school / were / you /，).
➡ When you were five, your mother worked at the school .

---

2 if「もし〜なら」 ･･････････････････････････････････ 22・23 ページの解答

If it is sunny tomorrow, I will play soccer.
英文1　　　　　　　　　英文2
→ コンマを入れる

= I will play soccer if it is sunny tomorrow.
英文2　　　　　　英文1
→ コンマを入れない

もし明日晴れたら、私はサッカーをするつもりです。

Point!) 接続詞 if を含む文が前半にくるときはコンマ (,) が必要。

if「もし〜なら」の文

「もし〜なら」という文は、「条件」を表す接続詞 if を用いて表す。

もし雨が降っていたら、私はそこへは行きません。
If it rains , I won't go there.

もしひまなら、水族館に行きましょう。
Let's go to the aquarium if you are free .

memo
if 〜の文も、whenの文と
ルールは同じ。前半に置くとき
は、コンマ (,) で区切る。

■日本文を英語になおしましょう。

もしお腹がすいているなら、ケーキを食べましょう。
→ Let's eat cakes if you are hungry .

もし忙しいなら、私があなたを手伝いましょう。
→ If you are busy , I will help you.

2つ目と3つ目の
問題は、コンマ
(,) が入るところ
もあるよ。

もし寒いなら、私は買い物に行きません。
→ If it is cold , I don't go shopping.
└ 天気の主語は it

if に続く文の時制

if に続く部分は、未来のことでも現在形で表す。

もし明日晴れたら、私たちはテニスをするでしょう。
We'll play tennis if it is sunny tomorrow.

■日本文を英語になおしましょう。

もし明日雪が降るなら、私は家にいるつもりです。
→ If it snows tomorrow, I will stay home.

もし来月時間があるなら、外国へ行きたいです。
→ I want to go abroad if I have time next month.

■日本文に合うように、( ) 内の語句を並べかえましょう。

もしあなたが私たちと来てくれるなら、彼女はうれしいでしょう。
(with / come / you / us / if /,) she will be happy.
→ If you come with us, she will be happy.

確認問題

(1) 日本文を英語になおしましょう。
① もし忙しくないなら、宿題をしなさい。
→ Do your homework if you aren't[are not] busy .

② もし彼が明日彼女に会うなら、私は彼と一緒に行きます。
→ If he meets[sees] her tomorrow , I will go with him.

(2) 「もし明日彼を見かけたら、彼にこの写真を見せてください。」という意味になるように、( ) 内の語句を並べかえましょう。
(tomorrow / if / this / him / show / see / picture / you / please / him).
→ Please show him this picture if you see him tomorrow .

---

3 that「〜ということ」 ･･････････････････････････････ 24・25 ページの解答

I think (that) he likes strawberries.
I think の目的語 ← 前半の文の動詞と時制を合わせる

私は、彼はいちごが好きだと思います。

I thought (that) he liked strawberries.
I thought の目的語

私は、彼はいちごが好きだと思いました。

Point!) 接続詞 that は省略することができ、省略しても意味は変わらない。

接続詞 that の文

接続詞の that は「〜ということ」という意味。この that は省略してもよい。

私はあなたが勝つということを思っています。＝ 私はあなたが勝つと思っています。
I think (that) you will win.

■日本文を英語になおしましょう。

thatに続く文が未来
のことなら未来形で
書くよ。

私は彼が正しいと思います。
→ I think that he is right.

彼は彼のお父さんが新しいテレビゲームを買ってくれるだろうと思っています。
→ He thinks that his father will buy him a new video game.
└ 三年現の主語に合う動詞が入る

〈動詞＋that 〜〉の形をとる動詞

〈動詞 + that〉という形をとる動詞には、know, say, hope, hear などがある。

私はその知らせが重要であるということを知っています。
I know that the news is important.

私は彼が元気だということを聞きました。
I heard that he was doing well.

■ ( ) に適する語を書きましょう。

She	(knows)	(that) they are friends.	彼女は、彼らは友達だと知っています。
	(says)		彼女は、彼らは友達だと言っています。
	(hopes)		彼女は、彼らは友達であることを願っています。
	(hears)		彼女は、彼らは友達だと聞いています。

■日本文を英語になおしましょう。

彼らはトムがすぐに回復することを願っています。
→ They hope that Tom will recover soon.

彼女は私が日本に滞在しているということを知りません。
→ She doesn't know that I stay in Japan.
└ 否定文の形

私は彼の話が本当だと思っていました。
→ I thought that his story was true.

memo
はじめの文の動詞が過去形
のとき、thatのあとの動詞も
ふつうは過去形になる。

私たちは明日晴れることを願っています。
→ We hope that it will be sunny tomorrow.
└ 未来のことなのでwillを使う

確認問題

(1) 日本文を英語になおしましょう。
あなたは彼が有名な作家だということを知っていますか。
→ Do you know (that) he is a famous writer?

(2) 「〜だと思っていました」という過去の文に書きかえましょう。
I think that he knows her. → I thought that he knew her.

(3) 「彼は来月彼女に会えることを願っています。」という意味になるように、( ) 内の語句を並べかえましょう。
(that / next / her / he / hopes / meet / will / month / he).
→ He hopes that he will meet her next month .

4 because 「～なので」「～だから」 ························ 26・27 ページの解答

「なぜ～」と理由をたずねる文
Why did you buy a present?
あなたはなぜプレゼントを買ったのですか。

「～だから」と理由を答える文
Because it's my friend's birthday today.
今日は私の友達の誕生日だからです。

Point! Why ～? とたずねられたら, Because ～. で答える。

because 「～なので」「～だから」の文

「～ので」と原因や理由を言うときは, 接続詞 because を用いて表す。

朝ご飯を食べなかったので, 私はお腹がすいていました。

⚠ I was hungry because I didn't have breakfast.

■日本文を英語になおしましょう。

野球をしたので, 私は疲れていました。

becauseの後ろは
〈主語＋動詞〉が
入った文で答えよう。

➡ I was tired because I played baseball.
サキはアメリカに住んでいたので, 英語を話すことができます。

➡ Because Saki lived in America, she can speak English.

接続詞becauseに続く文が前にくるときはコンマ(,)が必要

why の疑問文への答え方

Why ～? 「なぜ～」という疑問文には, Because ～. で答えることができる。

あなたはなぜ日本に来たのですか。

⚠ Why did you come to Japan?

— 日本の文化が好きだからです。

⚠ Because I like Japanese culture.

■日本文を英語になおしましょう。

彼はなぜ幸せそうなのですか。

➡ Why does he look happy?

— その知らせを聞いたからです。

➡ — Because he heard the news.

so 「…, だから～」の文

「…, だから～」と結果を言うときは, so を用いて表す。

今日は晴れています。だから, 私たちはテニスをするでしょう。

⚠ It is sunny today, so we'll play tennis.

■日本文を英語になおしましょう。

彼は疲れています。だから, 彼は今日早く寝るでしょう。

➡ He is tired ,   so he'll go to bed early today.

┈soの前にはコンマ(,)が必要

確認問題

(1) 次の疑問文に対して,「昨年, 彼に会ったからです。」という答えの文を書きましょう。
Why do you know him? ➡ Because   I   met   him last year.

(2) 日本文を英語になおしましょう。
彼はイヌがとても好きです。だから, 彼は2匹のイヌを飼っています。
➡ He likes dogs very much, so he has two dogs.

(3) 「雨が降っていたので, 私は家で本を読みました。」という意味になるように,
( )内の語句を並べかえましょう。
(raining / home / books / was / I / at / because / it / read /,).
➡ Because it was raining, I read books at home .

解説 ④ 接続詞 when / if / that

接続詞 when 「～するときに」, if 「～ならば」, that 「～ということ」の使い方を整理しましょう。

▶ when 「～するときに」と if 「もし～ならば」

When I meet him, I'll give him this book.
　　　　現在形

私が彼に会うとき, 彼にこの本を渡します。

If you go to the station, please buy the ticket.
　　　　現在形

もし駅に行くのなら, 切符を買ってください。

このように, 接続詞 when 「～するときに」や if 「もし～ならば」を使って時や条件を表すときは, 未来の話でも〈when / if + 主語 + 動詞〉の部分(節)の中の動詞は現在形を使うというルールがあります。未来の話だからといって, 未来の助動詞 will を使わないように注意しましょう。

▶ that 「～ということ」

接続詞 that 「～ということ」は, 省略されることが多いです。いくつか例を見てみましょう。

I think (that) he is sick.
S　V　　　　S　V

私は彼が病気だと思います。

He knows (that) the singer is famous.
S　V　　　　S　　　V

彼はその歌手が有名なことを知っています。

She hopes (that) your cat will be fine soon.
S　V　　　　S　　　V

彼女はあなたのネコがすぐに元気になることを願っています。

動詞 think, know, hope などのあとにもう1つ〈主語 + 動詞〉があるときには, that が省略されて「～ということ」という意味になっていることをおさえましょう。以上の文は, どれも that を省略しても意味は変わりません。

1 副詞的用法① 「～するために」 ‥‥‥‥‥‥‥‥‥‥‥‥‥‥‥‥ 28・29 ページの解答

I went the store to buy books.
　　　　　　　　　　 to buy ＝ 買うために
to buy books が went を修飾
目的

私は本を買うために店に行きました。

Point!「～するために」は、〈to ＋ 動詞の原形〉を使って表す。

目的を表す副詞的用法「～するために」の文

「～するために」と動作の目的を表し、副詞のような働きをするため、副詞的用法という。

私は私の友達に会うために大阪を訪れました。

I visited Osaka ___to___ ___see___ my friend.
　　　　　　　　　　　　　　　 [meet]

memo
〈to ＋ 動詞の原形〉を不定詞という。不定詞は、主語が何であっても、過去の文であっても、動詞は必ず原形を使う。

■日本文を英語になおしましょう。

あなたは花を買うためにそこへ行きました。

➡ You went there ___to___ ___buy___ flowers.
　　　　　　　　　　　　　　　 動詞の原形

彼らは宿題をするためにコンピューターを使います。

➡ They use computers ___to___ ___do___ their homework.

Why ～? という問いに「～するためです」と答える文

Why ～? 「なぜ～」という疑問文には、〈to ＋ 動詞の原形〉で答えることができる。

あなたはなぜスペイン語を勉強したのですか。

___Why___ did you study Spanish?

— スペイン人の友達と話すためです。

— ___To___ ___talk___ with my Spanish friend.

■日本文を英語になおしましょう。
彼女はなぜ看護師になったのですか。

➡ ___Why___ did she become a nurse?

— 病気の人々を助けるためです。

➡ — ___To___ ___help___ sick people.
　　　　　 「～するためです」と答えるときは〈to ＋ 動詞の原形〉

〈主語＋動詞～〉は使わずに不定詞だけで答えることもできるよ。

■日本文に合うように、（　　）の中から適する語句を選びましょう。
彼らはなぜ一生懸命英語を勉強するのですか。

Why do they study English hard?

— 将来、外国に住むためです。

➡ — (Because live / (To live)) in foreign countries in the future.

私は有名な歌手を見るためにその場所を訪れました。

➡ I visited the place (seeing /(to see)/ see) the famous singer.

確認問題

(1) 日本文を英語になおしましょう。
あなたは数学を教えるために先生になったのですか。

➡ Did you become a teacher ___to teach___ math?

(2) 次の疑問文に対して、「宿題を終わらせるためです。」という答えの文を書きましょう。
Why did he go home early today?

➡ ___To finish his homework.___

(3) 「彼女は大切な手紙を受け取るために郵便局へ行きました。」という意味になるように、（　　）内の語句を並べかえましょう。
(the post office / to / she / get / an important letter / went / to).

➡ ___She went to the post office to get an important letter___ .

2 副詞的用法② 「～して」 ‥‥‥‥‥‥‥‥‥‥‥‥‥‥‥‥‥ 30・31 ページの解答

I am happy to talk with him.
　　　　　　　 to talk ＝ 話せて
to talk with him が happy の原因
原因

私は彼と話せて幸せです。

Point!「～して」も、〈to ＋ 動詞の原形〉を使って表す。

原因を表す副詞的用法「～して」の文

「～して」と感情の原因を表すときも、〈to ＋ 動詞の原形〉で表すことができる。
「～して」と原因を表すこの用法も、副詞的用法という。

私はあなたに会えて嬉しいです。

I am happy ___to___ ___see___ you.

■日本文を英語になおしましょう。
彼女はそのニュースを見て悲しいです。

➡ She is sad ___to___ ___see___ the news.

彼はケーキを食べて嬉しかったです。

➡ He was happy ___to___ ___eat[have]___ cakes.

■日本文に合うように、（　　）内の語句を並べかえましょう。
私たちは有名なサッカー選手に会えて嬉しかったです。
(to / were / we / see / happy) the famous soccer player.

➡ ___We were happy to see___ the famous soccer player.

私は彼の話を聞いて怒っています。
(I / hear / am / angry / to) his story.

➡ ___I am angry to hear___ his story.

原因を表す副詞的用法によく使われる形容詞

原因を表す副詞的用法と一緒によく使われる形容詞には、be surprised to ～（～して驚いている）、be excited to ～（～してわくわくしている）などがある。

私たちはテレビを見て興奮しています。

We are excited ___to___ ___watch___ TV.

彼女はプレゼントをもらって嬉しかったです。

She was happy ___to___ ___get___ a present.

彼らはそのニュースを聞いて悲しかったです。

They were sad ___to___ ___hear___ the news.

■日本文を英語になおしましょう。
彼女は公園で彼に会って驚きました。

➡ She was ___surprised___ ___to___ ___see___ him in the park.

父はその知らせを聞いて怒っています。

➡ My father is ___angry___ ___to___ ___hear___ the news.
　　　　　　　 be angry to～「～して怒っている」

確認問題

(1) 「私たちはそのニュースを聞いて嬉しいです。」という意味になるように、（　　）の中から適する語句を選びましょう。

➡ We are glad (hearing / hear /(to hear)) the news.

(2) 「あなたは彼女を見て驚きましたか。」という意味になるように、（　　）内の語句を並べかえましょう。
(you / surprised / her / were / to / see)?

➡ ___Were you surprised to see her___ ?

(3) 日本文を英語になおしましょう。
私はあなたに会えてわくわくしていました。

➡ I ___was excited to see[meet]___ you.

3 名詞的用法「〜すること」 ……………………………………… 32・33 ページの解答

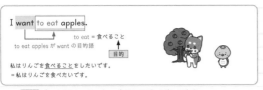

I want to eat apples.

to eat = 食べること
to eat apples が want の目的語
目的

私はりんごを<u>食べること</u>をしたいです。
＝私はりんごを食べたいです。

Point! 「〜すること」も、〈to ＋動詞の原形〉を使って表す。

目的語としての名詞的用法

〈to ＋動詞の原形〉を一般動詞のあとに置くことで目的語の役割を果たす。

「〜すること」と名詞と同じような働きをするため、名詞的用法という。

私は本を読むことが好きです。
 I like <u>to</u> <u>read</u> books.

私はお茶を飲むことがしたいです。＝私はお茶が飲みたいです。
I want <u>to</u> <u>drink</u> tea.

■日本文を英語になおしましょう。

彼は公園に行きたいです。
➡ He wants <u>to</u> <u>go</u> to the park.

彼らは歌を歌うことが好きです。
➡ They like <u>to</u> <u>sing</u> songs.

補語としての名詞的用法

〈to ＋動詞の原形〉は、be動詞のあとに置き、補語の役割を果たすこともある。

私の夢はロンドンに住むことです。
My dream is <u>to</u> <u>live</u> in London.

■日本文を英語になおしましょう。

彼の夢は医者になることです。

➡ His dream <u>is</u> <u>to</u> <u>become[be]</u> a doctor.
　　　　　　　〈be動詞＋to＋動詞の原形〉

memo
〈to ＋動詞の原形〉は単数扱い。

大切なことは人々に親切にすることです。

➡ The important thing <u>is</u> <u>to</u> <u>be</u> kind to people.
　　　　　　　　　　　　be動詞の原形が入る

主語としての名詞的用法

〈to ＋動詞の原形〉は、主語にすることもできる。

本を読むことは楽しいです。
<u>To</u> <u>read</u> books is fun.

■日本文を英語になおしましょう。

自然の中を歩くのは気持ちがいいです。

➡ <u>To</u> <u>walk</u> in nature is refreshing.

確認問題

(1) 日本文に合うように、（　）内の語句を並べかえましょう。

①あなたの夢はオーストラリアに行くことですか。

(Australia / is / your dream / to / to / go)?
➡ ＿＿＿＿＿Is your dream to go to Australia＿＿＿＿＿?

②朝早く起きることは大変です。

(get / in / is / hard / early / the / up / to / morning).
➡ ＿＿＿To get up early in the morning is hard＿＿＿.

(2) 日本文を英語になおしましょう。
彼女は写真を撮ることが好きです。

➡ She ＿＿＿likes to take＿＿＿ pictures.

4 形容詞的用法「〜するための」 ………………………………… 34・35 ページの解答

Chataro has something to drink.

to drink = 飲むための
to drink が something を後ろから修飾

チャ太郎は<u>飲むための</u>ものを持っています。
＝チャ太郎は飲み物を持っています。

Point! 「〜するための［すべき］」も、〈to ＋動詞の原形〉を使って表す。

形容詞的用法「〜するための」の文

「〜するための」「〜すべき」という意味で前の名詞を修飾するときも、

〈to ＋動詞の原形〉を使う。名詞を修飾する働きから、形容詞的用法という。

私には彼に伝えるべきことがたくさんあります。
 I have many things <u>to</u> <u>tell</u> him.

私は食べるための何かがほしいです。＝私は何か食べ物がほしいです。
I want something <u>to</u> <u>eat</u>.

■日本文を英語になおしましょう。

私は理科を勉強する十分な時間があります。
➡ I have enough time <u>to</u> <u>study</u> science.

私はたずねるべき人を知っています。
➡ I know someone <u>to</u> <u>ask</u>.

■日本文に合うように、（　）内の語句を並べかえましょう。

日本には訪れるべきたくさんの場所があります。

There are (to / places / visit / many) in Japan.

➡ There are ＿＿＿many places to visit＿＿＿ in Japan.

〈something ＋形容詞〉の文

〈to ＋動詞の原形〉を〈something ＋形容詞〉と一緒に使うときは、

〈something ＋形容詞＋ to ＋動詞の原形〉の語順。

私は食べるための温かい何かがほしいです。＝私は何か温かい食べ物がほしいです。
I want something hot <u>to</u> <u>eat</u>.

■日本文を英語になおしましょう。

私たちは何か冷たい飲み物がほしいです。
➡ We want <u>something</u> <u>cold</u> <u>to</u> <u>drink</u>.

あなたは何か温かい食べ物を持っていますか。
➡ Do you have <u>anything</u> <u>hot</u> <u>to</u> <u>eat</u> ?
　　　　　　疑問文の場合はanythingが入る

■日本文に合うように、（　）の中から適する語句を選びましょう。

彼女は彼にあげるための何か素敵なものを買いたいですか。

➡ Does she want to buy (nice anything / (anything nice) / nice something)

to give him?

確認問題

(1) 日本文を英語になおしましょう。

①私はテレビを見る時間がありません。

➡ I have no ＿＿＿time to watch＿＿＿ TV.

②あなたは今日たくさんのするべきことがあります。

➡ You have a lot of ＿＿＿things to do＿＿＿ today.

(2) 「これらはあなたの友達にあげるための本ですか。」という意味になるように、
（　）内の語句を並べかえましょう。

(to / friends / the / are / give / your / these / books / to)?

➡ ＿＿Are these the books to give to your friends＿＿?

5 不定詞のまとめ ・・・・・・・・・・・・・・・・・・・・・・・・・・・・・・ 36・37 ページの解答

不定詞＝「to＋動詞の原形」

副詞的用法	名詞的用法	形容詞的用法
「～するために」「～して」	「～すること」	「～するための」「～すべき」
I go to the sea to swim.	I like to play baseball.	I have something sweet to eat.

私は泳ぐために海へ行きます。

私は野球をすることが好きです。

私は食べるための甘いもの（甘い食べ物）を持っています。

Point! 〈to＋動詞の原形〉には，副詞的用法「～するために，～して」，名詞的用法「～すること」，形容詞的用法「～するための，～すべき」の３つの用法がある。

〈to＋動詞の原形〉の副詞的用法

① 〈to＋動詞の原形〉が動作の目的を表し，「～するために」を意味する。

② 〈to＋動詞の原形〉が原因や理由を表し，「～して」を意味する。

私は昼食を食べるためにレストランへ行きました。

🔺 I went to the restaurant ___to___ ___eat___ lunch.
　[have]

それを聞いて私は嬉しいです。

🔺 I'm glad ___to___ ___hear___ that.

■日本文を英語になおしましょう。

ナンシーはおばに会うためにニューヨークを訪れました。

➡ Nancy visited New York ___to___ ___see[meet]___ her aunt.

母親の料理を食べられて彼は幸せでした。

➡ He was happy ___to___ ___eat[have]___ his mother's dish.

英語を勉強するためにあなたはカナダへ行ったのですか。

➡ Did you go to Canada ___to___ ___study___ English?

〈to＋動詞の原形〉の名詞的用法

〈to＋動詞の原形〉が動詞の目的語になり，「～すること」を意味する。

私は宿題を終わらせる必要があります。

🔺 I need ___to___ ___finish___ my homework.

歌手になることが私の夢です。

🔺 ___To___ ___become___ a singer is my dream.
　[be]

■日本文を英語になおしましょう。

私は今日えんぴつを買いたいです。

➡ I want ___to___ ___buy___ pencils today.

memo
want to ～「～したい」
like to ～「～することが好き」

〈to＋動詞の原形〉の形容詞的用法

〈to＋動詞の原形〉が名詞を後ろから修飾し，「～するための」「～すべき」を意味する。

何か飲み物を持っていますか。

🔺 Do you have anything ___to___ ___drink___ ?

確認問題

(1) 「私は彼に写真を見せるために彼の家へ行きました。」という意味になるように，（　）内の語句を並びかえましょう。
（ I / to / him / went / pictures / his house / to / show ）．
➡ ___I went to his house to show him pictures___

(2) 日本文を英語になおしましょう。
①私はあなたに話すべき話があります。
➡ I have a story ___to tell you___

②私にとって新しいことを学ぶのはとても楽しいです。
➡ ___To learn new things___ is a lot of fun for me.

解説 ⑤ いろいろな不定詞

不定詞のいろいろな用法をまとめて確認しておきましょう。

▶副詞的用法

【動作の目的】～するために

I went to the park to play soccer.

> to 以下は公園に行った目的を表している

私はサッカーをするために公園に行きました。

【感情の原因・理由】～して

I was excited to watch the game.

> to 以下はわくわくした原因・理由を表している

私はその試合を見てわくわくしました。

▶名詞的用法

【動詞の目的語】～すること

I want to play tennis with you.

> 不定詞が動詞 want の目的語になっている

私はあなたとテニスをしたいです。

【主語】～すること

To read books is interesting.

> to 以下が文の主語になっている

本を読むことはおもしろいです。

【It is ... to ～】～するのは…です

It is important to study English every day.

> it が to 以下の内容を指している

毎日英語を勉強することは大切です。

▶形容詞的用法

【名詞を修飾①】～するための

I don't have anything to drink now.

> 不定詞が前の名詞を後ろから修飾し，情報を加えている

私は今，飲みもの（＝飲むためのもの）を何も持っていません。

【名詞を修飾②】～すべき

I have lots of things to study.

> 不定詞が前の名詞を後ろから修飾し，情報を加えている

私には勉強すべきことがたくさんあります。

1 It is ... to ～「～することは…です」 ・・・・・・・・・・・・・・・・・・・・・・・・ 38・39 ページの解答

To study English is fun.
　　　　　　形式主語 it を置く　↓（to＋動詞の原形）を文末に移動
= It is fun to study English.
　‖
　to study English
英語を勉強することは楽しいです。

Point!「～することは…です」は、〈It is ... ＋ to ＋ 動詞の原形 ～.〉を使って表す。

形式主語の文

「～することは…です」は It is を主語にして、〈It is ... ＋ to ＋ 動詞の原形 ～.〉で表す。

英語を話すことは難しいです。
📢 <u>It</u> <u>is</u> difficult <u>to</u> <u>speak</u> English.

■日本文を英語になおしましょう。
映画を見ることはわくわくします。
➡ <u>It's</u> exciting <u>to</u> <u>see[watch]</u> movies.
└ it is の短縮形が入る

この（It's ～）は形式主語だから、「それは～です」とは訳さないよ。

バレーボールをすることは楽しかったです。
➡ <u>It</u> <u>was</u> fun <u>to</u> <u>play</u> volleyball.
└ 過去形の文では be動詞を過去形にする

■日本文に合うように、（　）内の語句を並べかえましょう。
夕食を楽しむことは大切です。
(to / enjoy / is / important / it) dinner.
➡ <u>It is important to enjoy</u> dinner.

ケーキを作ることは簡単です。
(to / make / is / easy / it) cakes. ➡ <u>It is easy to make</u> cakes.

形式主語の疑問文と否定文

疑問文は〈Is it ... ＋ to ＋ 動詞の原形 ～?〉、
否定文は〈It is not ... ＋ to ＋ 動詞の原形 ～.〉で表す。

今日、この仕事を終わらせることは必要ですか。
📢 <u>Is</u> <u>it</u> necessary <u>to</u> <u>finish</u> this work today?
この質問に答えることは重要ではありません。
📢 <u>It</u> <u>is</u> <u>not</u> important <u>to</u> <u>answer</u> this question.

■日本文を英語になおしましょう。
一緒に勉強することは重要ではありません。
➡ <u>It</u> <u>isn't</u> important <u>to</u> <u>study</u> together.
└ is not の短縮形が入る

英語の本を読むことは困難ですか。
➡ <u>Is</u> <u>it</u> hard <u>to</u> <u>read</u> English books?

確認問題

(1) 日本文を英語になおしましょう。
①新しいことを知ることはおもしろいです。
➡ <u>It's</u> interesting <u>to know</u> new things.

②料理をすることは楽しいですか。
➡ <u>Is it</u> fun <u>to cook</u> ?

(2) 日本文に合うように、（　）内の語句を並べかえましょう。
①今日ここに来る必要はありません。
(isn't / today / to / come / necessary / it / here).
➡ <u>It isn't necessary to come here today</u> .

②この宿題を今日終わらせることは必要ですか。
(necessary / this homework / is / to / today / it / finish)?
➡ <u>Is it necessary to finish this homework today</u> ?

1 have to ～「～しなければなりません」 ・・・・・・・・・・・・・・・・・・・・・・ 40・41 ページの解答

I finish my homework today.
　私は今日、宿題を終えます。

I have to finish my homework today.
　私は今日、宿題を終えなければなりません。

Point!「～しなければなりません」は、〈have to ＋ 動詞の原形〉を使って表す。

have to の文

「～しなければなりません」は、〈have to ＋ 動詞の原形 ～〉で表す。

あなたは自分の部屋を掃除しなければなりません。
📢 You <u>have</u> <u>to</u> <u>clean</u> your room.

■日本文を英語になおしましょう。
私は今日この仕事を終わらせなければなりません。
➡ I <u>have</u> <u>to</u> <u>finish</u> this work today.

あなたはサッカーの練習をしなければなりません。
➡ You <u>have</u> <u>to</u> <u>practice</u> soccer.

has to の文（三単現）

「～しなければなりません」の文で、主語が三人称単数のときは has to を使う。

彼は駅に行かなければなりません。
📢 He <u>has</u> <u>to</u> <u>go</u> to the station.

■日本文を英語になおしましょう。
彼は病院に行かなければなりません。
➡ He <u>has</u> <u>to</u> <u>go</u> to the hospital.

memo
三人称単数現在（三単現）とは
三人称：主語が一人称（私[たち]）、
　　　　二人称（あなた[たち]）以外
単数：1人、1つ
現在：現在の時制

■日本文に合うように、（　）内の語句を並べかえましょう。
私の母は父にその話を伝えなければなりません。
My mother (tell / has / the story / to) to my father.
➡ My mother <u>has to tell the story</u> to my father.

had to の文（過去形）

「～しなければなりませんでした」（過去の文）では、主語にかかわらず had to を使う。

私は昨日、家にいなければなりませんでした。
📢 I <u>had</u> <u>to</u> <u>stay</u> home yesterday.

■日本文を英語になおしましょう。
彼らは昨日それらの本を運ばなければなりませんでした。
➡ They <u>had</u> <u>to</u> <u>carry[move]</u> those books yesterday.

確認問題

(1) 「～しなければなりませんでした」という文に書きかえましょう。
He has to improve his English skill.
➡ <u>He had to improve his English skill.</u>

(2) 日本文を英語になおしましょう。
彼女は今日、昼食を持ってこなければなりません。
➡ She <u>has to bring</u> lunch today.

(3) 「あなたは先生に会うために学校に行かなければなりません。」という意味になるように、（　）内の語句を並べかえましょう。
(school / go / meet / to / have / to / your teacher / to / you).
➡ <u>You have to go to school to meet your teacher</u> .

2 do not have to ～「～しなくてもよいです」 ·························· 42・43 ページの解答

You don't have to finish your homework today.
あなたは今日宿題を終わらせる必要はありません。
> 今日終わらなくてもいいよ。

Do you have to finish your homework today?
あなたは今日宿題を終わらせなければなりませんか。
> 今日終わらせないとだめ？

Point!「～しなくてもよいです」は，have to の前に do not[does not] を置く。

have to の否定文

「～しなくてもよいです，～する必要はありません」は，
〈do not[does not] have to + 動詞の原形 ～〉で表す。

あなたは早く起きる必要はありません。
△ You <u>don't</u> <u>have</u> <u>to</u> <u>get</u> <u>up</u> early.

彼は早く起きる必要はありませんでした。
△ He <u>didn't</u> <u>have</u> <u>to</u> <u>get</u> <u>up</u> early.

■日本文を英語になおしましょう。
彼女は今日そこに行く必要はありません。
➡ She <u>doesn't</u> <u>have</u> <u>to</u> <u>go</u> there today.
└ 主語Sheは三人称単数なのでdoesn'tを使う

彼女はその規則にしたがう必要はありませんでした。
➡ She <u>didn't</u> <u>have</u> <u>to</u> <u>follow</u> the rule.

> have to の否定文は，「～してはいけない」という意味ではないんだね。

memo
have to の否定文
I, you, we, theyなど
→ don't have to
he, she, Tomなど
→ doesn't have to

have to の疑問文

「～しなければなりませんか」は，〈Do[Does] + 主語 + have to + 動詞の原形 ～?〉
の語順。

彼は病院に行かなければなりませんか。
△ <u>Does</u> he <u>have</u> <u>to</u> <u>go</u> to the hospital?
─ はい，行かなくてはなりません。/ いいえ，行く必要はありません。
△ — Yes, he <u>does</u> . / No, he <u>doesn't</u> .

■日本文を英語になおしましょう。
あなたは今日，家にいなければなりませんか。
➡ <u>Do</u> you <u>have</u> <u>to</u> <u>stay</u> home today?

彼の先生は電車に乗らなければなりませんか。
➡ <u>Does</u> his teacher <u>have</u> <u>to</u> <u>take</u> a train?
└ 主語が三人称単数で現在形の文のときはdoesを使う

確認問題

(1) 「～する必要はありません」という文に書きかえましょう。
He has to go to see a doctor.
➡ <u>He doesn't have to go to see a doctor</u> .

(2) 「～する必要はありませんでした」という文に書きかえましょう。
They had to listen to her story.
➡ <u>They didn't have to listen to her story</u> .

(3) 「彼女は明日学校へ歩いていかなければなりませんか。」という意味になるように，（ ）内の語句を並べかえましょう。
(she / walk / have / to / school / does / tomorrow / to)?
➡ <u>Does she have to walk to school tomorrow</u> ?

---

3 must「～しなければなりません」 ································· 44・45 ページの解答

You must study hard.
あなたは一生懸命勉強をしなくてはなりません。
> 勉強しなくちゃね！

Must you study hard?
あなたは一生懸命勉強をしなくてはなりませんか。
> 勉強しないといけないの？

Point!「～しなければなりません」は，have to のほか must を使って表すこともできる。

must「～しなければなりません」の文

「～しなければなりません」は，must という助動詞でも表すことができる。

あなたはここへ来なければなりません。
△ You <u>must</u> <u>come</u> here.

■日本文を英語になおしましょう。
彼女はそのテストの準備をしなければなりません。
➡ She <u>must</u> <u>prepare</u> for the test.

私たちは手紙を書かなければなりません。
➡ We <u>must</u> <u>write</u> letters.

memo
mustの使うには，必ず動詞の原形がくる。

must の疑問文

「～しなければなりませんか」という疑問文は，〈Must + 主語 + 動詞の原形 ～?〉で
表す。この疑問文にNoで答えるときは，must notではなくdon't[doesn't] have toを使う。

私はここへ来なければなりませんか。
△ <u>Must</u> <u>I</u> <u>come</u> here?
─ はい，来なければなりません。/ いいえ，来なくてもよいです。
△ — Yes, you <u>must</u> . / No, you <u>don't</u> <u>have</u> <u>to</u> .

■日本文を英語になおしましょう。
あなたは朝に駅に到着しなければなりませんか。
➡ <u>Must</u> you <u>arrive</u> at the station in the morning?
─ はい，到着しなければなりません。
➡ — Yes, I <u>must</u> .

彼は車を借りなければなりませんか。
➡ <u>Must</u> he <u>borrow</u> a car?
─ いいえ，借りなくてもよいです。
➡ — No, he <u>doesn't</u> <u>have</u> <u>to</u> .

■日本文に合うように，（ ）の中から適する語句を選びましょう。
あなたのお姉さんは外国で勉強しなければなりませんか。
➡ (Does /(Must)) your sister study abroad?
─ はい，勉強しなければなりません。/ いいえ，勉強しなくてもよいです。
➡ — Yes, she ((must)/ does). / No, she (must not /(doesn't have to)).

確認問題

(1) 「～しなければなりませんか」という疑問文に書きかえ，「はい」と「いいえ」の両方で答えましょう。
You must change trains at Tokyo Station.
➡ <u>Must you change trains at Tokyo Station?</u>
─ Yes, I <u>must</u> . / No, I <u>don't have to</u> .

(2) 日本文に合うように，（ ）内の語句を並べかえましょう。
①彼はそのクラブに参加しなければなりません。
(he / the club / must / join). ➡ <u>He must join the club</u> .

②私たちは朝早く出発しなければなりません。
(we / in the morning / must / leave / early)?
➡ <u>Must we leave early in the morning</u> ?

4 must not「〜してはいけません」 ············· 46・47 ページの解答

You must not go that way.

あなたはその道を行ってはいけません。

You don't have to eat it all.

あなたはそれを全部食べる必要はありません。

Point!「〜してはいけません」は must not,「〜しなくてもよいです、〜する必要はありません」は don't[doesn't have to]を使って表す。

■ must not「〜してはいけません」の文

〈must not + 動詞の原形〉の否定文は、「〜してはいけません」という禁止の意味。

あなたはここへ来てはいけません。

⚠ You __must__ __not__ __come__ here.

■日本文を英語になおしましょう。

あなたはここで友達と話してはいけません。

➡ You __must__ __not__ talk with friends here.

彼らは今テレビを見てはいけません。

➡ They __mustn't__ watch TV now.

> memo
> must not の短縮形は mustn't。

■日本文に合うように、（　）の中から適する語句を選びましょう。

あなたは今日外出してはいけません。

➡ You (have to not /(must not)) go out today.

彼は公園で野球をしてはいけません。

➡ He ((mustn't play)/doesn't have to play) baseball in the park.

■ must と have to の否定文の区別

have to と must はどちらも肯定文では「〜しなければなりません」という意味だが、否定文では違う意味になる。

彼はそこへ行ってはいけません。

⚠ He __mustn't__ __go__ there.

彼はそこへ行く必要はありません。

⚠ He __dosen't__ __have__ __to__ __go__ there.

■日本文を英語になおしましょう。

彼女は昼食を作る必要はありません。

➡ She __doesn't__ __have__ __to__ __make[cook]__ lunch.

彼は今、寝てはいけません。

➡ He __must__ __not__ __sleep__ now.

私は英語を話さなければなりませんか。

➡ __Must__ __I__ __speak__ English?

> ### 確認問題
>
> (1) 日本文に合うように、（　）の中から適する語句を選びましょう。
>
> ①彼らはここで英語を話す必要はありません。
>
> ➡ They (must not /(don't have to)) speak English here.
>
> ②彼女はそのミーティングを忘れてはいけません。
>
> ➡ She ((mustn't)/ don't have to / doesn't have to) forget the meeting.
>
> (2)「私は今日ピアノの練習をする必要はありません。」という意味になるように、（　）内の語句を並べかえましょう。
>
> (the piano / today / to / don't / practice / I / have).
>
> ➡ __I don't have to practice the piano today__ .

解説 ⑥ 助動詞 must, should と have to

助動詞 must, should と have to の意味をまとめて確認しておきましょう。

▶ must

【義務・必要】〜しなければならない

You must do your homework now.

あなたは今、宿題をしなければなりません。

【(否定文で)禁止】〜してはいけない

You must not go out this evening.

今晩は外出してはいけません。

▶ should

【義務・助言】〜すべきである

We should clean our room every week.

私たちは毎週、部屋をそうじすべきです。

▶ have to

【義務】〜しなければならない

I have to meet Tomoki today.

私は今日、トモキに会わなければなりません。

【(否定文で)不必要】〜する必要がない

You don't have to read this book.

あなたはこの本を読む必要がありません。

▶義務・必要の程度

must, should, have to は意味が似ていますが、それぞれに含まれる意味の強度に差があります。

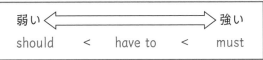

弱い ⟺ 強い

should ＜ have to ＜ must

▶ must の疑問文への答え方

must の疑問文に No で答えるときは要注意。No, you must not. とは表現しません。

Must I buy this book?

この本を買わなければなりませんか。

－ Yes, you must.

はい、買わなければなりません。

－ No, you don't have to.

いいえ、買う必要はありません。

1 動名詞「～すること」 …………………………………… 48・49 ページの解答

I finished reading these books.
＝これらの本を読むこと

Watching TV is fun.
＝テレビを見ること

私はこれらの本を読み（読むことを）終えました。

テレビを見ることは楽しいです。

Point! 「～すること」は動詞の ing 形でも表すことができる。

動名詞「～すること」の文

〈動詞の ing 形〉で「～すること」という意味を表し、これを動名詞という。

トムは本を読むことが好きです。

Tom likes ＿＿reading＿＿ books.

私の趣味は料理をすることです。

My hobby is ＿＿cooking＿＿.

■日本文を英語になおしましょう。

彼女は毎日バイオリンを弾くことを楽しみます。

→ She enjoys ＿playing＿ the violin every day.

私は公園を走ることが好きです。

→ I like ＿running＿ in the park.

memo
動名詞と一緒によく使われる動詞
like ～ing「～するのが好きだ」
enjoy ～ing「～することを楽しむ」
finish ～ing「～するのを終える」
stop ～ing「～するのをやめる」
start ～ing「～し始める」

文の主語になる動名詞

動名詞＝〈動詞の ing 形〉は、文の主語にできる。

本を読むことは楽しいです。

＿Reading＿ books ＿is＿ fun.

■日本文を英語になおしましょう。

たがいに理解することは難しいです。

→ ＿Understanding＿ each other ＿is＿ difficult.

動名詞は単数扱いなので、be動詞は is を使う

前置詞の後ろの動名詞

前置詞のあとに動詞を置く場合は、動名詞＝〈動詞の ing 形〉を使う。

ケンは英語を話すことが得意です。

Ken is good ＿at＿ ＿speaking＿ English.

■日本文を英語になおしましょう。

彼は英語を学ぶことに興味があります。

→ He is interested ＿in＿ ＿learning＿ English.

私はあなたに再び会えることを楽しみにしています。

→ I am looking forward ＿to＿ ＿seeing[meeting]＿ you again.

「～に会う」は2通りの言い方がある

（確認問題）

(1) 日本文を英語になおしましょう。
部屋を掃除することは私たちの仕事です。
→ ＿Cleaning＿ rooms ＿is＿ our job.

(2) 日本文に合うように、（　）内の語句を並べかえましょう。
①私に英語を教えてくれてありがとう。
(me / English / teaching / thank you / for).
→ ＿Thank you for teaching me English＿

②彼は友達と話すことが好きです。
(with / his friends / talking / likes / he).
→ ＿He likes talking with his friends＿

2 動名詞と不定詞「～すること」 ………………………… 50・51 ページの解答

動名詞＝〈動詞の ing 形〉
He enjoys dancing.

不定詞＝〈to＋動詞の原形〉
He hopes to be an artist.

彼は踊ることを楽しんでいます。

彼は芸術家になることを望んでいます。

Point! 「～すること」は、動名詞＝〈動詞の ing 形〉または不定詞＝〈to＋動詞の原形〉で表すことができる。

目的語に動名詞のみを使う動詞

enjoy（～を楽しむ）、finish（～を終える）などの動詞は〈動詞の ing 形〉のみを使う。

ユキコは歩くことを楽しみます。

Yukiko ＿enjoys＿ ＿walking＿.

■日本文を英語になおしましょう。

彼女は9時に理科の勉強を終えました。

→ She ＿finished＿ ＿studying＿ science at nine.

目的語に不定詞のみを使う動詞

decide（～を決める）、hope（～を望む）、want（～したい）などの動詞は、
〈to＋動詞の原形〉のみを使う。

私はロンドンを訪れることがしたいです。＝私はロンドンを訪れたいです。

I ＿want＿ ＿to＿ ＿visit＿ London.

■日本文を英語になおしましょう。

彼はオーストラリアに行くことを決めました。

→ He ＿decided＿ ＿to＿ ＿go＿ to Australia.

目的語に動名詞と不定詞の両方を使う動詞

begin（～を始める）、like（～を好む）、start（～を始める）などの動詞は、
〈動詞の ing 形〉と〈to＋動詞の原形〉の両方を使うことができる。

私は本を読むことが好きです。

I ＿like＿ ＿to＿ ＿read＿ books.
I ＿like＿ ＿reading＿ books.

■日本文を英語になおしましょう。

あなたは何時にサッカーの試合を見始めましたか。

→ What time did you ＿begin[start]＿ ＿watching＿ the soccer game?

空らんの数から答えを考える

memo
動名詞と不定詞で意味が違う動詞
stop ～ing「～するのをやめる」
stop to ～「～するために止まる」

（確認問題）

(1) 日本文に合うように、（　）の中から適する語句を選びましょう。
私は昨夜音楽を聞くことを楽しみました。
→ I (enjoyed to listen / (enjoyed listening)) to music last night.

(2) 日本文を英語になおしましょう。
①彼女は昼食のあと、買い物に行きたいです。
→ She ＿wants to go＿ shopping after lunch.

②彼らはその話を書き終えました。
→ They ＿finished writing＿ the story.

③1時間前に雨が降り始めました。
→ It ＿started[began] raining / started[began] to rain＿
an hour ago.

動詞には，目的語に動名詞をとるもの，不定詞をとるもの，どちらも使えるものがあります。

▶目的語に動名詞をとる動詞

すでに起きたこと，あるいは現在起きていることについて話す動詞が多い。

> enjoy（～を楽しむ），finish（～を終える），give up（～をあきらめる），practice（～を練習する），

enjoy「～を楽しむ」
I enjoy playing the piano.
私はピアノを弾くことを楽しみます。

finish「～を終える」
She finished reading your book.
かのじょ
彼女はあなたの本を読み終わりました。

▶目的語に不定詞をとる動詞

未来に向かって何かしようとする意志や感情を表す動詞が多い。

> decide（～することを決める），hope（～することを望む），learn（～することを学ぶ）

decide「～を決める」
He decided to meet Andy.
かれ
彼はアンディと会うことを決めました。

hope「～を望む」
I hope to visit you next year.
私は来年、あなたを訪ねたいです。

▶目的語に不定詞も動名詞もとる動詞

> begin（～を始める），forget（～を忘れる），like（～を好む），start（～を始める），try（～を試みる）

begin/start「～を始める」
Ben began/started to sing.
= Ben began/started singing.
ベンは歌い始めました。

like「～を好む、好きである」
He likes to read books. / He likes reading books.
彼は本を読むのが好きです。

第9章 目的語の表現
1 疑問詞＋to ··································· 52・53 ページの解答

Point! 〈疑問詞＋to＋動詞の原形〉で「～（する）べきか，～（する）方法」
という意味を表すことができる。疑問詞ごとに，かたまりで意味を覚えよう。

how＋to，what＋to の文

〈how to＋動詞の原形〉は，「どのように～するか（～する方法，～のし方）」，

〈what to＋動詞の原形〉は「何を～すべきか」という意味を表す。

私はカレーの作り方を知っています。
⚠ I know ___how___ ___to___ make curry.
彼女は昼食に何を食べるべきか決められません。
⚠ She can't decide ___what___ ___to___ ___eat___ for lunch.

■日本文を英語になおしましょう。
私は海での泳ぎ方を知っています。
➡ I know ___how___ ___to___ ___swim___ in the sea.
「～のし方」はhow to
私は彼女に何をあげるべきかわかりませんでした。
➡ I didn't know ___what___ ___to___ ___give___ to her.

■日本文に合うように、（ ）内の語句を並べかえましょう。
あなたは京都駅への行き方を知っていますか。
Do you know (Kyoto Station / to / how / get / to)?
➡ Do you know ___how to get to Kyoto Station___ ?

where＋to，when＋to，which＋to の文

〈疑問詞＋to＋動詞の原形〉の表現には，〈where to ～〉「どこで（へ）～すべきか」，
〈when to ～〉「いつ～すべきか」，〈which to ～〉「どれを～すべきか」もある。

彼女はどこへ行くべきかを決めました。
⚠ She decided ___where___ ___to___ ___go___ .
私はどれを選ぶべきかわかりません。
⚠ I don't know ___which___ ___to___ ___choose___ .

■日本文を英語になおしましょう。
彼はいつも薬をいつ飲むべきかを忘れます。
➡ He always forgets ___when___ ___to___ ___take___ his medicine.
あなたたちは彼のためにどれを選ぶべきかを決められませんでした。
➡ You couldn't decide ___which___ ___to___ ___choose___ for him.
私たちは次の休暇にどこへいくかについて話しました。
➡ We talked about ___where___ ___to___ ___go___ next vacation.

確認問題
(1) 日本文を英語になおしましょう。
①この手紙はいつパーティーに来るべきかを示しています。
➡ This letter shows ___when to come___ to the party.

②私たちは最初に何をすべきかを決める必要があります。
➡ We need to decide ___what to do___ first.

(2) 「彼女は最初にどの本を読むべきかわかりませんでした。」という意味になるように、（ ）内の語句を並べかえましょう。
(read / know / to / which / didn't / she / book) first.
➡ ___She didn't know which book to read___ first.

17

2 動詞＋（人）＋疑問詞＋to ················· 54・55 ページの解答

I will tell you how to dance. 私はあなたに踊り方を教えます。

tell＋人 ＋ もの・こと
⇒（人）にもの・ことを教える

Point! 「（人）に（もの・こと）を〜する」の「もの・こと」には
〈疑問詞＋to＋動詞の原形〉を使うこともできる。

動詞＋（人）＋疑問詞＋to の文

〈動詞＋人＋もの・こと〉「（人）に（もの・こと）を〜する」の文は、
「もの・こと」を〈疑問詞＋to＋動詞の原形〉に置きかえることができる。

私はあなたにスパゲッティを作る方法を教えましょう。

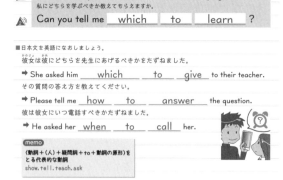

I will teach you <u>how</u> <u>to</u> cook spaghetti.

私にどちらを学ぶべきか教えてもらえますか。

Can you tell me <u>which</u> <u>to</u> <u>learn</u> ?

■日本文を英語になおしましょう。

彼女は彼にどちらを先生にあげるべきかをたずねました。

➡ She asked him <u>which</u> <u>to</u> <u>give</u> to their teacher.

その質問の答え方を教えてください。

➡ Please tell me <u>how</u> <u>to</u> <u>answer</u> the question.

彼は彼女にいつ電話すべきかたずねました。

➡ He asked her <u>when</u> <u>to</u> <u>call</u> her.

memo
〈動詞＋（人）＋疑問詞＋to＋動詞の原形〉を
とる代表的な動詞
show, tell, teach, ask

疑問詞＋名詞＋to の文

「何の（名詞）を〜すべきか」は〈what＋名詞＋to＋動詞の原形〉、
「どの（名詞）を〜すべきか」は〈which＋名詞＋to＋動詞の原形〉の語順。

私は彼に何の言語を学ぶべきかをたずねました。

I asked him <u>what</u> <u>language</u> <u>to</u> <u>learn</u> .

あなたは彼女にどのバスに乗るべきかを教えました。

You told her <u>which</u> <u>bus</u> <u>to</u> <u>take</u> .

■日本文を英語になおしましょう。

彼に何の本を買うべきか教えてくれませんか。

➡ Could you tell me <u>what</u> <u>book[books]</u> <u>to</u> <u>buy</u>
for him? 「何の本はwhat book

私たちはアメリカへ行くためにどの飛行機に乗るべきかわかりませんでした。

➡ We didn't know <u>which</u> <u>plane[airplane]</u> <u>to</u> <u>take</u>
to go to America.

確認問題

(1) 日本文を英語になおしましょう。
① あなたはパーティーに何を持っていくべきかを知っていますか。
➡ Do you know <u>what to bring</u> to the party?

② あなたはパーティーに何の食べ物を持っていくべきかを知っていますか。
➡ Do you know <u>what food to bring</u> to the party?

(2) 「私は彼にこのコンピューターの使い方をたずねました。」という意味になるよ
うに、（ ）内の語句を並べかえましょう。
(asked / him / to / this computer / use / how / I).
➡ <u>I asked him how to use this computer</u>

3 be動詞＋形容詞＋that ················· 56・57 ページの解答

I am sure that she is the famous singer.
＝〜だと（いうことを）確信している

私は彼女が有名な歌手であると確信しています。

Point! 〈be動詞＋形容詞＋(that)〜〉の文は、
「〜だということを…(形容詞)だ」という意味。

be動詞＋sure＋(that)〜の文

〈be動詞＋sure＋(that)〜〉は「〜だと（いうことを）確信している」「きっと〜だ」という
意味。

私は彼が授業に遅刻すると確信しています。

I <u>am</u> <u>sure</u> <u>that</u> he will be late for the class.

■日本文を英語になおしましょう。

彼は彼女が明日、本を買うと確信しています。

➡ He <u>is</u> <u>sure</u> <u>that</u> she will buy books tomorrow.

きっと彼らは疲れているでしょう。 **memo**

➡ I <u>am</u> <u>sure</u> they are tired. be sure that のthat は
省略することもできる。

■日本文に合うように、（ ）内の語句を並べかえましょう。

私の兄は彼女はあとで来ると確信しています。

(sure / is / my brother / that) she will come later.

➡ <u>My brother is sure that</u> she will come later.

きっと彼は今日宿題をやらないでしょう。

(do / that / won't / I'm / he / sure) his homework today.

➡ <u>I'm sure that he won't do</u> his homework today.

「きっと〜だ」と思っているのは「私」

〈be動詞＋形容詞＋(that)〜〉の文

〈be動詞＋形容詞＋(that)〜〉の文に使う形容詞には、sure 以外に
glad, sorry, sad などがある。

彼女は、彼が彼女に指輪をあげたということがうれしかったです。

She <u>was</u> <u>glad</u> <u>that</u> he gave her a ring.

私は、あなたの眼鏡を壊したということをすまないと思います。

I <u>am</u> <u>sorry</u> <u>that</u> I broke your glasses.

■日本文を英語になおしましょう。

私は彼女に会えて嬉しかったです。

➡ I <u>was</u> <u>glad</u> <u>that</u> I could meet her.

彼が風邪をひいているので、私は悲しいです。

➡ I <u>am</u> <u>sad</u> <u>that</u> he has a cold.

私の姉は彼が医者になったことを驚いていました。

➡ My sister <u>was</u> <u>surprised</u> he became a doctor.

確認問題

(1) 日本文を英語になおしましょう。
彼は彼女がプレゼントをくれて驚いています。
➡ <u>He</u> <u>is</u> <u>surprised</u> that she gave him a present.

(2) 日本文に合うように、 に当てはまる3語を書きましょう。
私たちは彼ならそれをできると確信しています。
➡ We <u>are sure that</u> he can do it.

(3) 「私は彼の家に行けなくてすまないと思います。」という意味になるように、
( )内の語句を並べかえましょう。
(sorry / I / to / can't / his house / go / that / I'm).
➡ <u>I'm sorry that I can't go to his house</u> .

1 ～ er than ... 「…よりも～」 ………………………………… 58・59 ページの解答

A bear is heavier than a rabbit. | A rabbit is lighter than a bear.
クマはウサギよりも重いです。 | ウサギはクマよりも軽いです。

Point! 2つのものを比べるときは，〈比較級 + than + 比べる対象〉を使って表す。

比較級の文

2つのものを比べるときは，〈比較級 + than + 比べる対象〉の語順。

このイヌは私のよりも大きいです。
This dog is __bigger__ __than__ mine.

ルーシーはカナよりも速く走ります。
Lucy runs __faster__ __than__ Kana.

■（　）に比較級を書いて，表を完成させましょう。

形容詞・副詞の種類	比較級の作り方	原級 ➡ 比較級	
基本	er をつける	old ➡ (	older)
語尾が e で終わる語	r をつける	large ➡ (	larger)
〈子音字+y〉で終わる語	y を i にして er をつける	easy ➡ (	easier)
big など	最後の文字を重ねて er をつける	big ➡ (	bigger)

■日本文を英語になおしましょう。

アメリカは日本より大きいです。
➡ America is __larger__ __than__ Japan.

> 形容詞や副詞のもとの形のことを原級というよ。

> 「面積が大きい」はbigではなくlarge

私の父は私の兄より早く起きます。
➡ My father gets up __earlier__ __than__ my brother.

つづりの長い語の比較級の文

つづりの長い形容詞や副詞の比較級は〈more + 原級〉の形。

私にとって中国語は英語より難しいです。
Chinese is __more__ __difficult__ __than__ English for me.

■日本文を英語になおしましょう。

この俳優はあの俳優より人気があります。
➡ This actor is __more__ __popular__ __than__ that one.

これらのコンピューターはスマートフォンより役に立ちます。
➡ These computers __are__ __more__ __useful__ __than__ smartphones.

> **memo**
> moreをつける形容詞の例
> beautiful, difficult, famous, interesting, popular, useful

確認問題

(1) 日本文を英語になおしましょう。
　①彼女はリサ（Lisa）より背が高いです。
　➡ She is __taller than__ Lisa.

　②今日は昨日より暑いです。
　➡ It is __hotter__ today __than__ yesterday.

(2) 日本文に合うように，（　）内の語句を並べかえましょう。
　①あなたはトムより速く走ることができますか。
　(you / run / Tom / can / than / faster)?
　➡ __Can you run faster than Tom__?

　②私にとって卓球はサッカーよりもおもしろいです。
　(soccer / is / interesting / table tennis / than / more) to me.
　➡ __Table tennis is more interesting than soccer__ to me.

2 the ～ est 「最も～」 ……………………………………… 60・61 ページの解答

The elephant is the largest in that zoo.
　　=いちばん大きい
　　=最も大きい
そのゾウはあの動物園の中でいちばん大きいです。

Point! 3つ以上のものを比べて「～の中で最も～」というときは，
〈the + 最上級 + in / of + 比べる対象（複数）〉を使って表す。

最上級の文

3つ以上のものを比べて「最も[いちばん]～」と言うときは，〈the + 最上級〉で表す。

このイヌはこの町で最も大きいです。
This dog is __the__ __biggest__ __in__ this town.

ルーシーは3人の中でいちばん速く走ります。
Lucy runs __the__ __fastest__ __of__ the three.

■（　）に最上級を書いて，表を完成させましょう。

形容詞・副詞の種類	最上級の作り方	原級 ➡ 最上級	
基本	est をつける	old ➡ (	oldest)
語尾が e で終わる語	st をつける	large ➡ (	largest)
〈子音字+y〉で終わる語	y を i にして est をつける	easy ➡ (	easiest)
big など	最後の文字を重ねて est をつける	big ➡ (	biggest)

■日本文を英語になおしましょう。

彼はその3人の中でいちばん年上です。
➡ He is __the__ __oldest__ __of__ the three.

> **memo**
> ofとinの使い分け
> of+複数を表す語
> in+範囲や場所を表す語

私の母は家族の中でいちばん忙しいです。
➡ My mother is __the__ __busiest__ __in__ my family.

つづりの長い語の最上級の文

つづりの長い形容詞や副詞の最上級は〈most + 原級〉の形で表す。

この質問はすべての中で最も難しいです。
This question is __the__ __most__ __difficult__ __of__ all.

■日本文を英語になおしましょう。

> **memo**
> mostをつける語は
> moreをつける語と同じ。

その花はすべての中で最も美しいです。
➡ The flower is __the__ __most__ __beautiful__ __of__ all.

この映画は日本で最も人気がありました。
➡ This movie was __the__ __most__ __popular__ in Japan.

確認問題

(1) （　）の中から正しいほうを選びましょう。
　このペンはすべての中でいちばん高価です。
　This pen is the most expensive (in / (of)) all.

(2) 日本文を英語になおしましょう。
　①2月は1年で最も短い月です。
　➡ February is __the shortest__ month __of__ the year.

　②彼女は日本でいちばん有名な作家ですか。
　➡ Is she __the most famous__ writer __in__ Japan?

(3) 日本文に合うように，（　）内の語句を並べかえましょう。
　①ナンシーは5人の中で最も早く泳ぎます。
　(fastest / five / swims / of / the / Nancy / the).
　➡ __Nancy swims the fastest of the five__.

　②日本で最も高い山は何ですか。
　(Japan / mountain / what / highest / the / is / in)?
　➡ __What is the highest mountain in Japan__?

3 特殊な変化をする比較級・最上級 ·························· 62・63 ページの解答

I like cookies better than cakes.
私はケーキよりもクッキーが好きです。

I like cookies the best of all sweets.
私はすべてのお菓子の中でクッキーがいちばん好きです。

Point! good や well の比較級は better，最上級は best の形になる。

good や well の比較級と最上級の文

good や well の比較級は better than，最上級の文は the best in / of を使って表す。

あなたのアイデアは私のものよりよいです。
Your idea is **better** **than** mine.

あなたのアイデアは私たちのクラスの中で最もよいです。
Your idea is **the** **best** **in** our class.

■日本文を英語になおしましょう。

今日は，昨日より調子がよいです。
➡ I feel **better** today **than** yesterday.

彼は私たちのクラスでピアノを弾くのがいちばん上手です。
➡ He plays the piano **the** **best** **in** our class.

memo

原級	比較級	最上級
good	better	best
well	better	best

「…より～のほうが好き」の文

2つのものを比べて「…より～のほうが好き」と言うときは，〈like ～ better than …〉の語順。

私は夏より冬のほうが好きです。
I **like** winter **better** **than** summer.

■日本文を英語になおしましょう。

彼女は野球よりサッカーのほうが好きです。
➡ She **likes** soccer **better** **than** baseball.

あなたは数学より英語のほうが好きですか。
➡ Do you **like** English **better** **than** math?

「～が最も好き」の文

3つ以上のものを比べて「～が最も好き」と言うときは，〈like ～ the best〉の語順。

コウジはすべての教科の中で英語が最も好きです。
Koji **likes** English **the** **best** **of** all subjects.

■日本文を英語になおしましょう。

あなたはどの季節がいちばん好きですか。
➡ Which season do you **like** **the** **best** ?

私はすべての季節の中で春がいちばん好きです。
➡ I **like** spring **the** **best** **of** all seasons.

確認問題

(1) 日本文を英語になおしましょう。
① すべての中で何のスポーツがいちばん好きですか。
➡ What sport do you **like the best of** all?

② この辞書は私のものよりよいです。
➡ This dictionary is **better than** mine.

(2) 「彼女はネコよりイヌが好きです。」という意味になるように，（　）内の語句を並べかえましょう。
(cats / likes / better / she / than / dogs).
➡ **She likes dogs better than cats** .

---

4 「どちらが(より)～」「どれが最も～」 ························· 64・65 ページの解答

Which is smaller, cats or lions?
ネコとライオンでは，どちらのほうが小さいですか。

Which is the smallest of the three?
3匹の中で，どれがいちばん小さいですか。

Point! 2つのものを比較するときは〈which ～ 比較級〉，3つ以上のものを比較するときは〈which ～ the + 最上級〉を使ってたずねる。

「どちらが(より)～」の文

2つのものを比べて「AとBではどちら(の…)のほうが(より)～か」とたずねるときは，〈Which ～ 比較級，A or B?〉の語順。答えるときは，2つのうちどちらかを具体的に答える。

浅間山と阿蘇山では，どちらのほうが(より)高いですか。
Which is higher , Mt. Asama **or** Mt. Aso?

― 浅間山です。
― Mt. Asama **is** .

■日本文を英語になおしましょう。

信濃川と利根川では，どちらのほうが(より)長いですか。
➡ **Which** is **longer** , the Shinano river **or** the Tone river?

memo
人を比較する場合は which ではなく who を使う。

「どれが最も～」の文

3つ以上のものを比べて「どれが最も～」とたずねるときは，〈Which ～ the + 最上級 + in[of]…?〉の語順。

どれが日本で最も高い山ですか。
Which is **the** **highest** mountain **in** Japan?

■日本文を英語になおしましょう。

この街で最も人気のある場所はどこですか。
➡ **Which** is **the** **most** **popular** place **in** this city?
└─ 長い単語の最上級は the most ～

memo
「この街でどの場所が最も人気がありますか。」という場合は，Which place is the most popular in this city?

「最も～な…のひとつ」の文

「最も～な…のひとつ」は〈one of the + 最上級 + 名詞の複数形〉で表す。

ケンは世界で最も人気のある歌手のひとりです。
Ken is **one** **of** **the** most popular **singers** in the world.

■日本文を英語になおしましょう。

これは日本で最も高い建物のひとつです。
➡ This is **one** **of** **the** tallest **buildings** in Japan.

確認問題

(1) 日本文を英語になおしましょう。
私のイヌとあなたのイヌでは，どちらが大きいですか。
➡ **Which is bigger** , my dog **or** yours?

(2) 「彼はこの学校の中で最も速い走者のひとりです。」という意味になるように，（　）内の語句を並べかえましょう。
(is / in this school / one / runners / the / he / fastest / of).
➡ **He is one of the fastest runners in this school** .

(3) 「最も～な…のひとつ」という言い方になるように書きかえましょう。
This is the most beautiful flowers in the world.
➡ **This is one of the most beautiful flowers in the world** .

5 as ～ as ... 「…と同じくらい～」 ················· 66・67 ページの解答

I am as tall as you.
私はあなたと同じくらいの背さです。

I am not as tall as you.
私はあなたほど背が高くありません。

Point! 2つのものを比べて「同じくらい～」というときは、〈as ～ as〉で表す。「～」には比較級や最上級ではなく、原級(形容詞・副詞のもとの形)を入れる。

「…と同じくらい～」の文

2つのものを比べて「…と同じくらい～」と言うときは、〈as + 原級 + as ...〉で表す。

あの家は私の家と同じくらいの広さです。

⚠ That house is ｜ as ｜ large ｜ as ｜ my house.
　　　　　　　　　　　　　　[big]

■日本文を英語になおしましょう。
彼は彼女と同じくらい若いです。

➡ He is ｜ as ｜ young ｜ as ｜ she.

memo
「同じくらいの歳」というときは、as old asを使う。

私は姉と同じくらい上手に卓球をします。

➡ I play table tennis ｜ as ｜ well ｜ as ｜ my sister.

■ (　　)内の指示にしたがって書きかえましょう。
Mr. Smith runs fast.(「私の兄と同じくらい」という文に)

➡ Mr. Smith runs ｜ as ｜ fast ｜ as ｜ my ｜ brother.

I get up early every day.(「祖父と同じくらい」という文に)

➡ I get up ｜ as ｜ early ｜ as ｜ my ｜ grandfather every day.

as ～ as の否定文

2つのものを比べて「…ほど～ではない」と言うときは、〈not as + 原級 + as ...〉で表す。

この家は私の家ほど広くありません。

⚠ This house is ｜ not ｜ as ｜ large ｜ as ｜ my house.
　　　　　　　　　　　　　　　　　　　[big]

■日本文を英語になおしましょう。
彼は彼女ほど若くありません。

➡ He is ｜ not ｜ as ｜ young ｜ as ｜ she.

私の車はあなたの車ほど大きくありません。

➡ My car is ｜ not ｜ as ｜ big[large] ｜ as ｜ yours.

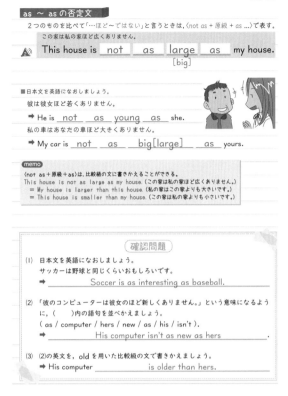

memo
(not as + 原級 + as)は、比較級の文に書きかえることができる。
This house is not as large as my house. (この家は私の家ほど広くありません。)
= My house is larger than this house. (私の家はこの家よりも大きいです。)
= This house is smaller than my house. (この家は私の家よりも小さいです。)

確認問題

(1) 日本文を英語になおしましょう。
サッカーは野球と同じくらいおもしろいです。
➡ ＿＿＿ Soccer is as interesting as baseball. ＿＿＿

(2) 「彼のコンピューターは彼女のほど新しくありません。」という意味になるように、(　　)内の語句を並べかえましょう。
(as / computer / hers / new / as / his / isn't).
➡ ＿＿＿ His computer isn't as new as hers ＿＿＿ .

(3) (2)の英文を、old を用いた比較級の文で書きかえましょう。
➡ His computer ＿＿＿ is older than hers. ＿＿＿

---

6 比較表現のまとめ ··················· 68・69 ページの解答

taller than ～
～より(背が)高い

the tallest of / in ～
～の中で最も(背が)高い

as tall as
同じくらい(背が)高い

Point! 比較級は -er、最上級は -est の形が基本。
つづりの長い形容詞・副詞の場合は、その語の前に more や most がつく。
「同じくらい」と言うときは、〈as + 原級 + as〉を使う。

比較級・最上級のまとめ

比較表現「…よりも～」は、〈形容詞・副詞の比較級 + than ...〉を使って表す。比較級には語尾に er をつける形のほか、形容詞や副詞の前に more を置く形がある。
「…の中で最も～」は、〈the + 最上級 + of / in ...〉の形になる。最上級には語尾に est をつける形のほか、形容詞や副詞の前に most を置く形がある。

彼は私よりも背が高いです。

⚠ He is ｜ taller ｜ than ｜ me.

この本はあの本よりもおもしろいです。

⚠ This book is ｜ more ｜ interesting ｜ than ｜ that one.

この映画は3つの中で最もわくわくします。

⚠ This movie is ｜ the ｜ most ｜ exciting ｜ of ｜ the three.

■日本文を英語になおしましょう。
彼女はトムより注意深く車を運転します。

➡ She drives a car ｜ more ｜ carefully ｜ than ｜ Tom.

このクラスの中で誰がいちばん速く走りますか。

➡ Who ｜ runs ｜ the ｜ fastest ｜ in ｜ this class?

「…と同じくらい～」のまとめ

「…と同じくらい～」は、形容詞や副詞のそのままの形(原級)を使って、〈as + 原級 + as〉で表す。

彼女は私の妹と同じくらい若いです。

⚠ She is ｜ as ｜ young ｜ as ｜ my sister.

■日本文を英語になおしましょう。
彼らは私のいとこと同じくらい速く泳ぎます。

➡ They swim ｜ as ｜ fast ｜ as ｜ my cousin.

彼女の部屋は彼の部屋ほど広くありません。

➡ Her room ｜ isn't ｜ as ｜ large ｜ as ｜ his.

memo

比較表現	比較級	最上級	…と同じくらい～
意味	…よりも～	…の中で最も～	…と同じくらい～ (否定文)…ほど～ではない
形容詞・副詞の形	・er をつける ・前に more を置く ・特殊変化する	・the + est をつける ・前に most を置く ・特殊変化する	as 原級 as ...

確認問題

(1) 日本文を英語になおしましょう。
①あなたはアンナ(Anna)ほど早く起きません。
➡ You ｜ don't ｜ get up ＿＿ as early as ＿＿ Anna.
②経験はお金より役に立ちます。
➡ Experiences are ＿＿ more useful than ＿＿ money.

(2) 「彼女は本より映画のほうが好きですか。」という意味になるように、(　　)内の語句を並べかえましょう。
(she / than / books / better / movies / like / does).
➡ ＿＿ Does she like movies better than books ＿＿ ?

形容詞 good「よい, じょうずな」, 副詞 well「じょうずに, うまく」, very much「とても, たいへん」の比較級 better と最上級 best の意味をまとめて復習しましょう。

▶比較級 better

① good → better

「いい → もっといい」

Your camera is better than mine.

あなたのカメラは私のものよりもいいです。

② well → better

「上手に → より上手に」

Tomo speaks English better than Riku.

トモはリクよりも上手に英語を話します。

③ very much → better

「とても, たいへん → より以上に」

I like this picture better than that picture.

私はあの絵よりもこの絵のほうが好きです。

▶最上級 best

① good → best

「いい → いちばんいい」

Your camera is the best of ours.

あなたのカメラは私たちのものの中で, いちばんいいです。

② well → best

「上手に → いちばん上手に」

Tomo speaks English the best in my class.

トモは私のクラスの中で, いちばん上手に英語を話します。

③ very much → better

「とても → いちばんよく」

I like this picture the best in this museum.

私はこの美術館の中で, この絵がいちばん好きです。

better と best の意味をきちんととらえられるようにしましょう。

第11章 受け身
1 「～されます」 ················· 70・71 ページの解答

主語…ある行為をされる側
The movie is watched in Japan.
be動詞 + 過去分詞 =「～される」
その映画は日本で見られています。

Point! 「～される」というように, 主語がほかの誰かから
何かをされる様子を表現する文を受け身と呼ぶ。
受け身の文は,〈be動詞 + 動詞の過去分詞〉で表す。

受け身の文
「～される」という意味の受け身の文は,〈be動詞 + 動詞の過去分詞〉で表す。
毎月この部屋は掃除されます。
This room __is__ __cleaned__ every month.

■（　）に過去分詞を書きましょう。

原級	- 過去形 -	過去分詞	原級	- 過去形 -	過去分詞
watch（見る）	- watched -	(watched)	use（使う）	- used -	(used)
build（建てる）	- built -	(built)	see（見る）	- saw -	(seen)
eat（食べる）	- ate -	(eaten)	break（壊す）	- broke -	(broken)
know（知る）	- knew -	(known)	write（書く）	- wrote -	(written)

■日本文を英語になおしましょう。
このコンピューターは毎週使われます。
➡ This computer __is__ __used__ every week.
その俳優は世界中で知られています。
➡ The actor __is__ __known__ all over the world.

memo
現在形の受け身の形
主語	be動詞	過去分詞
I	am	
三人称単数	is	-ed
you や複数	are	など

受け身の過去の文
過去のことを受け身で表すときは, be動詞を過去形にする。
その皿は壊れていました。
The plate __was__ __broken__ .

■日本文を英語になおしましょう。
その家は1900年に建てられました。
➡ The house __was__ __built__ in 1900.
be動詞の過去形が入る
それらの物語は昨年書かれました。
➡ These stories __were__ __written__ last year.

■過去の受け身の文になおしましょう
The food is eaten in Japan.
➡ __The food was eaten in Japan__ .

確認問題
(1) 日本文を英語になおしましょう。
そのお店では, ケーキは毎日作られています。
➡ The cakes __are made__ at the store every day.
(2) 「～されました」という過去の文に書きかえましょう。
The game is played.
➡ __The game was played__ .
(3) 「英語はアメリカで話されています。」という意味になるように, (　)内の語句を並べかえましょう。
(America / is / in / English / spoken).
➡ __English is spoken in America__

2 「～されません」 ‥‥‥‥‥‥‥‥‥‥‥‥‥‥‥‥‥‥‥‥‥ 72・73 ページの解答

主語…ある行為をされる側

That singer <u>is not known</u> in Japan.
be動詞 + not + 過去分詞＝「～されません」

あの歌手は日本では<u>知られていません</u>。

Point! 受け身の否定文では be動詞のあとに not を置く。

受け身の否定文

受け身の否定文は〈be動詞 + not + 過去分詞〉を使って表す。
彼女はそのパーティーに招待されていません。

She ｜ is ｜ not ｜ invited ｜ to the party.
これらの話はこのクラスの中で知られていません。
These stories ｜ are ｜ not ｜ known ｜ in this class.

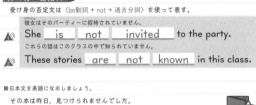

■日本文を英語になおしましょう。
その本は昨日、見つけられませんでした。

➡ The book ｜ was ｜ not ｜ found ｜ yesterday.
その教室は今日、掃除をされていません。

➡ The classroom ｜ is ｜ not ｜ cleaned ｜ today.

■否定文になおしましょう。
His name was called at the station.
➡ His name was not called at the station.
The apples were eaten yesterday.
➡ The apples were not eaten yesterday.

短縮形を使った受け身の文

〈be動詞 + not〉は、be動詞の否定文と同様に次のように短縮形にできる。
彼女はそのパーティーに招待されていません。

She ｜ isn't ｜ invited ｜ to the party.
これらの話はこのクラスの中で知られていません。
These stories ｜ aren't ｜ known ｜ in this class.

■日本文を英語になおしましょう。
日本語はこの学校で教えられていません。

➡ Japanese ｜ isn't ｜ taught ｜ at this school.
あれらの本は先月読まれませんでした。

➡ Those books ｜ weren't ｜ read ｜ last month.
昨夜、あの星は見られませんでした。

➡ That star ｜ wasn't ｜ seen ｜ last night.

> am not の短縮形
> はないよ。

> memo
> 〈be動詞 + not〉の短縮形
> is not → isn't
> are not → aren't
> was not → wasn't
> were not → weren't

【確認問題】

(1) 日本文を英語になおしましょう。
その映画はイギリスで知られていません。
➡ The movie ｜ is not[isn't] known ｜ in the U.K.

(2) 日本文に合うように、( )内の語句を並べかえましょう。
①昨日、その質問は答えられませんでした。
(answered / yesterday / not / was / the question).
➡ The question was not answered yesterday

②英語はこの国で話されていません。
(this country / isn't / in / English / spoken).
➡ English isn't spoken in this country

3 「～されますか」 ‥‥‥‥‥‥‥‥‥‥‥‥‥‥‥‥‥‥‥‥‥ 74・75 ページの解答

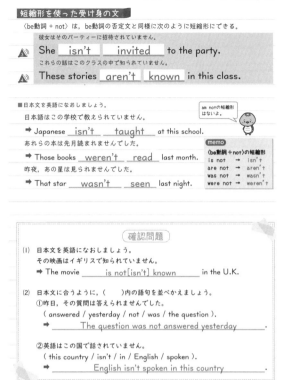

主語…「～される」(受け身)の対象

Is the writer known abroad?
be動詞 + 主語 + 過去分詞＝～されますか

その作家は海外では<u>知られています</u>か。

Point! 「～されますか」という受け身の疑問文は、be動詞を主語の前に置く。

受け身の疑問文

「～されますか」という受け身の疑問文は、〈be動詞 + 主語 + 過去分詞〉の語順。
疑問文に答えるときも、be動詞を使う。

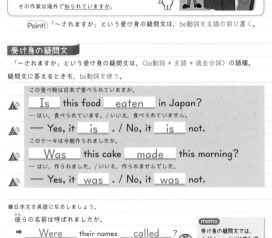

この食べ物は日本で食べられていますか。
Is ｜ this food ｜ eaten ｜ in Japan?
― はい、食べられています。/ いいえ、食べられていません。
― Yes, it ｜ is ｜ . / No, it ｜ is ｜ not.
このケーキは今朝作られましたか。
Was ｜ this cake ｜ made ｜ this morning?
― はい、作られました。/ いいえ、作られませんでした。
― Yes, it ｜ was ｜ . / No, it ｜ was ｜ not.

■日本文を英語になおしましょう。
彼らの名前は呼ばれましたか。
➡ Were ｜ their names ｜ called ｜ ?
― いいえ、呼ばれていません。
➡ No, they ｜ weren't ｜ .
あなたのスマホは昨日修理されましたか。
➡ Was ｜ your smartphone ｜ fixed[repaired] ｜ yesterday?
― はい、修理されました。
➡ ― Yes, it ｜ was ｜ .

> memo
> 受け身の疑問文では、
> do や does、did は使わず、
> 必ず be動詞を使う。

疑問詞を含む受け身の疑問文

疑問詞を含む受け身の疑問文は、be動詞の前に疑問詞を置く。
疑問詞のある疑問文には、たずねられたことを具体的に答える。

ここでは何が作られていますか。
What ｜ is ｜ made ｜ here?
この国では何のフルーツが食べられていますか。
What ｜ fruit ｜ is ｜ eaten ｜ in this country?

■日本文を英語になおしましょう。
カナダでは何の言語が話されていますか。
➡ What ｜ language ｜ is ｜ spoken ｜ in Canada?

> memo
> 「何の～」という場合は、〈What + 名詞〉を be動詞の前に置く。

【確認問題】

(1) 疑問文に書きかえ、「はい」と「いいえ」で答えましょう。
This picture was drawn last year.
➡ Was this picture drawn last year?
― Yes, ｜ it was ｜ . / No, ｜ it wasn't[it was not] ｜ .

(2) 日本文を英語になおしましょう。
このケーキには何が使われていますか。
➡ What is used ｜ in this cake?

(3) 「これらの写真は先週撮られましたか。」という意味になるように、( )内の語句を並べかえましょう。
(these / last / taken / pictures / were / week)?
➡ Were these pictures taken last week ｜ ?

23

by ～「～によって」

The soccer player is known by many people.
by ＝ ～によって

そのサッカー選手は多くの人々によって知られています。

Point! 受け身の文に〈by ～〉を置き、「～によって」という意味を加えることができる。

「～によって…される」という意味の受け身の文

〈be動詞＋過去分詞〉のあとに〈by ～〉を置いて、「～によって」という意味を加えることができる。

そのケーキはトムによって作られました。
The cake was made by Tom.

■日本文を英語になおしましょう。
そのカップはケンによって壊されました。
→ The cup **was broken by** Ken.
その傘は彼に持っていかれました。
→ The umbrella **was taken by** him.

■日本文に合うように、（ ）内の語句を並べかえましょう。
その国はたくさんの人々に知られていますか。
Is the country (many / by / people / known)?
→ Is the country **known by many people** ?
そのビルは彼らによって建てられませんでした。
The building (them / not / by / built / was).
→ The building **was not built by them** .

ふつうの文から受け身の文への書きかえ

ふつうの文から受け身の文に書きかえる手順は以下の通り。
①もとの文の目的語を主語にする。
②動詞を〈be動詞＋過去分詞〉にする。
③もとの文の主語を by 以下に続ける。

たくさんの人々が東京を訪れます。
Many people visit Tokyo.
東京はたくさんの人々によって訪れられます。
Tokyo is visited by many people.

■「～される（された）」という受け身の文に書きかえましょう。
My mother made dinner yesterday.
→ Dinner **was made by** my mother yesterday.
Did the children enjoy the Christmas party?
→ **Was** the Christmas party **enjoyed by** the children?

確認問題
(1) 日本文を英語になおしましょう。
このボールは彼女によって見つけられました。
→ This ball **was found by her** .
(2) 受け身の文に書きかえましょう。
They watched the basketball game yesterday.
→ **The basketball game was watched by them yesterday.**
(3) 「それらのバッグは彼によって運ばれませんでした。」という意味になるように、（ ）内の語句を並べかえましょう。
(carried / him / by / those / weren't / bags).
→ **Those bags weren't carried by him.**

助動詞を含む受け身

The room must be cleaned every day.
must ＋ be動詞 ＋ 過去分詞 ＝ ～されなければならない

その部屋は毎日掃除されなければなりません。

Point! 受け身の文には、can, must, will などの助動詞を使うこともできる。

助動詞を含む受け身の文

助動詞を含む受け身の文は、〈助動詞＋be＋過去分詞〉の語順。

たくさんの星がここから見られます。
Many stars can be seen from here.
この宿題は明日までに終わらせなければなりません。
This homework must be finished by tomorrow.

■日本文を英語になおしましょう。
その街はたくさんの観光客に訪れられるでしょう。
→ The city **will be visited** by many tourists.
その部屋のドアは閉められなければなりません。
→ The door of the room **must be closed** .
鳥は夜には見られません。
→ Birds **cannot[can't] be seen** at night.
規則は守られるべきです。
→ The rules **should be followed** .
彼は病院へ連れて行かれるかもしれません。
→ He **may be taken** to the hospital.

memo
〈助動詞＋be＋過去分詞〉の文
(can be＋過去分詞)
　→「～されることができる」
(must be＋過去分詞)
　→「～されなければならない」
(will be＋過去分詞)
　→「～されるだろう」

否定文の作り方は、助動詞の否定文と同じだよ。

助動詞を含む受け身の疑問文

助動詞を含む受け身の疑問文では、〈助動詞＋主語＋be＋過去分詞～?〉の語順。

今日の夕食はケンによって作られますか。＝今日はケンが夕食を作りますか。
Will dinner be made by Ken today?

■日本文を英語になおしましょう。
その仕事は明日までに終わらせなければなりませんか。
→ **Must the work be finished** by tomorrow?
それらの本はあの部屋に移動されますか。
→ **Will those books be moved** into the room?

■疑問文に書きかえましょう。
The letters must be given to him.
→ **Must the letters be given to him?**
The famous painting can be seen in that museum.
→ **Can the famous painting be seen in that museum?**

確認問題
(1) 日本文を英語になおしましょう。
①その映画は日本で見られます。
→ **Can the movie be seen[watched]** in Japan?
②あなたの名前はまもなく呼ばれるでしょう。
→ Your name **will be called** soon.
(2) 「彼の宿題は先生にチェックしてもらわなければなりません。」という意味になるように、（ ）内の語句を並べかえましょう。
(his teacher / be / his homework / checked / must / by).
→ **His homework must be checked by his teacher**